BEI GRIN MACHT SICH IHR WISSEN BEZAHLT

- Wir veröffentlichen Ihre Hausarbeit,
  Bachelor- und Masterarbeit

- Ihr eigenes eBook und Buch -
  weltweit in allen wichtigen Shops

- Verdienen Sie an jedem Verkauf

Jetzt bei www.GRIN.com hochladen und kostenlos publizieren

Bibliografische Information der Deutschen Nationalbibliothek:

Die Deutsche Bibliothek verzeichnet diese Publikation in der Deutschen National-
bibliografie; detaillierte bibliografische Daten sind im Internet über http://dnb.d-
nb.de/ abrufbar.

Impressum:

Copyright © 2014 GRIN Verlag, Open Publishing GmbH
Druck und Bindung: Books on Demand GmbH, Norderstedt Germany
ISBN: 9783668300590

Dieses Buch bei GRIN:

http://www.grin.com/de/e-book/339743/die-qual-der-wahl-unterstuetzung-von-
konsumenten-im-kaufprozess

Nicolai Hellie

Die Qual der Wahl. Unterstützung von Konsumenten im Kaufprozess

GRIN Verlag

GRIN - Your knowledge has value

Der GRIN Verlag publiziert seit 1998 wissenschaftliche Arbeiten von Studenten, Hochschullehrern und anderen Akademikern als eBook und gedrucktes Buch. Die Verlagswebsite www.grin.com ist die ideale Plattform zur Veröffentlichung von Hausarbeiten, Abschlussarbeiten, wissenschaftlichen Aufsätzen, Dissertationen und Fachbüchern.

Besuchen Sie uns im Internet:

http://www.grin.com/

http://www.facebook.com/grincom

http://www.twitter.com/grin_com

UNIVERSITÄT TRIER

FB IV: WIRTSCHAFTS- UND SOZIALWISSENSCHAFTEN

Lehrstuhl für Marketing, Innovation und E-Business

Wintersemester 13/14

Masterarbeit

Unterstützung von Konsumenten im Kaufprozess

Vorgelegt am: 13.05.14

Autor: Nicolai Hellie

Inhaltsverzeichnis

Abbildungsverzeichnis

1 Je mehr, desto besser oder die Qual der Wahl?

"Should I kill myself, or have a cup of coffee?"[1] Dieses dem Autor und Philosoph **Albert Camus** nachgesagte Zitat verdeutlicht, dass die Menschen in der heutigen Gesellschaft mit einer Vielzahl von Entscheidungsmöglichkeiten konfrontiert werden.[2] Einer Untersuchung zufolge sind es ungefähr 70 Entscheidungen, die ein Mensch an einem gewöhnlichen Tag zu treffen hat.[3] Dies fängt bspw. bei der Entscheidung aufzustehen an und endet mit der Entscheidung das Licht auszuschalten oder doch noch ein paar Seiten zu lesen. Mit dieser Fülle von Entscheidungen geht eine kontinuierlich steigende Anzahl von Alternativen einher, die alle Bereiche des täglichen Lebens durchzieht. Dazu zählen unter anderen die Wahl der Karriere, des Wohnortes, des Lebenspartners, des Urlaubsortes oder die von Konsumgütern.[4] So stehen deutsche Schulabgänger bspw. vor der Entscheidung einen von 330 Ausbildungsberufen zu erlernen[5] oder eines von 9541 Studienfächern zu wählen,[6] ungeachtet der vielen anderen Möglichkeiten wie bspw. ein direkter Berufseinstieg oder die Absolvierung des Bundesfreiwilligendienstes. Die heutige Gesellschaft scheint der Annahme 'je mehr, desto besser' zu folgen,[7] weshalb eine große Auswahl von vielen als die größte Errungenschaft der heutigen Märkte angesehen wird.[8] Deshalb werben Händler auch mit riesigen Sortimenten, da sie davon ausgehen, dass große Sortimente immer besser als kleinere sind.[9] *Coca Cola* bietet z. B. neben der ursprünglichen Cola noch über zehn weitere Sorten an,[10] *Starbucks* brüstet sich damit über 19.000 Getränkevariationen anzubieten[11] und die Amerikaner haben über 400.000 Pensionspläne, aus denen sie wählen können.[12] Ein weiteres Beispiel lässt sich bei *Levi's* finden. Auf der Suche nach einer Jeans stößt ein Konsument auf eine Vielzahl von Auswahlmöglichkeiten. Dies beginnt beim Stil der Hose, geht über die Farbe und vielseitige Modellvariationen hinaus und beinhaltet zudem die Wahl der Kollektion sowie des Materi-

---

[1] Camus, Albert, zitiert nach: Schwartz, Barry (2004), S. 42.

[2] Vgl. Schwartz, Barry (2004), S. 42.

[3] Vgl. Iyengar, Sheena S. (2012), o. S.

[4] Vgl. Scheibehenne, Benjamin/Greifeneder, Rainer/Todd, Peter M. (2010), S. 409.

[5] Vgl. statista (2014), o. S.

[6] Vgl. Hochschulkompass (2014), o. S.

[7] Vgl. Iyengar, Sheena S./Lepper, Mark R. (2000), S. 995; Vgl. Iyengar, Sheena S./Huberman, Gur/Jiang, Wei (2004), S. 83.

[8] Vgl. Diehl, Kristin/Poynor, Cait (2010), S. 313.

[9] Vgl. ebenda, S. 320; Vgl. Oppewal, Harmen/Koelemeijer, Kitty (2005), S. 45.

[10] Vgl. Gourville, John T./Soman, Dilip (2005), S. 383.

[11] Vgl. Vohs, Kathleen D. et al. (2008), S. 883.

[12] Vgl. Iyengar, Sheena S./Huberman, Gur/Jiang, Wei (2004), S. 83.

als.[13] Der Konsument hat daher eine Vielzahl von Entscheidungen zu treffen, um aus der Wahl zwischen weit über 100 verschiedenen Jeans, diejenige zu finden, die ihm am besten gefällt. Der Tatsache, dass die Entscheidungsfreiheit als grundlegendes Menschenrecht und als Ausdruck des freien Willens angesehen wird,[14] ist es wohl geschuldet, dass die meisten Menschen den endlosen Wunsch nach Entscheidungen hegen.[15] So vertraten auch Wissenschaftler lange die Meinung, dass mehr Möglichkeiten besser sind, doch viele empirische Untersuchungen des letzten Jahrzehnts beweisen das Gegenteil. Große Sortimente bzw. eine große Auswahl von Alternativen können negative Auswirkungen auf den Konsumenten haben.[16] Die Wahl wird zur Qual. Es kann eine Art Überforderung beim Konsumenten eintreten, die ihn dazu veranlasst seine Entscheidung zu verschieben.[17] Ziel der vorliegenden Arbeit ist es herauszufinden, welche Faktoren zu einer Überforderung des Konsumenten führen, um im Anschluss Gegenmaßnahmen zu entwerfen. Es sollen Reduktionsmaßnahmen identifiziert und getestet werden, die dazu geeignet sind den Konsumenten in seinem Kaufprozess zu unterstützen, um ihn schlussendlich dazu zu bewegen, eine Kaufentscheidung zu treffen. Kapitel 2 nähert sich diesem Ziel, indem anhand von verhaltenswissenschaftlichen Modellen der Entscheidungsfindungsprozess von Konsumenten untersucht bzw. dargestellt wird. Denn es erscheint zweckmäßig zunächst einmal zu verstehen, wie Konsumenten eine Entscheidung treffen, bevor die Auswirkungen von bestimmten Faktoren auf den Entscheidungsprozess diskutiert werden. In Kapitel 3 werden sowohl die positiven als auch die negativen Auswirkungen gestiegener Entscheidungsmöglichkeiten diskutiert. Der Fokus liegt dabei auf der negativen Auswirkung der Überforderung des Konsumenten. In Kapitel 4 werden schließlich Maßnahmen angeführt, die dazu geeignet sind diese Überforderung des Konsumenten zu lindern oder sogar gänzlich zu verhindern. Daraufhin folgt in Kapitel 5 die empirische Untersuchung der vorliegenden Arbeit. Hier werden die als vielversprechend geltenden Maßnahmen im Rahmen einer Online-Umfrage getestet. Im schließenden Kapitel 6 werden die gewonnenen Erkenntnisse zusammenfassend diskutiert und Implikationen für die Praxis abgeleitet.

---

[13] Vgl. Levi's (2014), o. S.

[14] Vgl. Savani, Krishna/Markus, Hazel Rose/Conner, Alana L. (2008), S. 870; Vgl. Stephens, Nicole M./Markus, Hazel Rose/Townsend, Sarah S. M. (2007), 827.

[15] Vgl. Iyengar, Sheena S./Lepper, Mark R. (2000), S. 995.

[16] Vgl. ebenda, S. 1004; Vgl. Schwartz, Barry (2004), S. 19; Vgl. Dar-Nimrod, Ilan et al. (2009), S. 631.

[17] Vgl. Shafir, Eldar/Simonson, Itamar/Tversky, Amos (1993), S. 21.

2 Wie treffen Konsumenten (Kauf-)Entscheidungen?

Wie im einleitenden Kapitel dargelegt wurde, treffen Menschen tagtäglich eine Vielzahl von Entscheidungen. Doch wie gelangen sie zu diesen Entscheidungen? Ziel des vorliegenden Kapitels ist die Beantwortung dieser Frage. Die Untersuchung des Entscheidungsfindungsprozesses bildet die Grundlage für die Betrachtung der Auswirkungen gestiegener Entscheidungsmöglichkeiten sowie der im Anschluss zu prüfenden Reduktionsmaßnahmen. Daher soll zunächst dargestellt werden, wie der Konsument zu einer Entscheidung gelangt. Dafür scheint es zweckmäßig zuerst eine Definition für den alltäglichen Begriff der Entscheidung zu geben.

Eine Entscheidung ist nach dem **Gabler Wirtschaftslexikon** eine

> *"Auswahl einer Handlungsalternative (Aktion) aus einer Menge verfügbarer Alternativen."*[18]

Diese Definition zeigt, dass es mehrerer Alternativen bedarf, mindestens jedoch zwei,[19] um überhaupt eine Entscheidung treffen zu können. Zudem stellt eine Entscheidung eine Handlung bzw. Aktion dar.

Der Psychologe **Barry Schwartz** beschreibt Entscheidungen folgendermaßen:

> *"Choice is what enables each person to pursue precisely those objects and activities that best satisfy his or her own preferences within the limits of his or her financial resources."*[20]

Laut **Schwartz** geht es bei der Entscheidung also darum ein Resultat herbeizuführen, das die Wünsche und Bedürfnisse befriedigt. Zudem hängt die Erreichung dieses Ziels oftmals von den finanziellen Möglichkeiten des Entscheiders ab.

Vohs et al. beschreiben den Entscheidungsprozess als ein bewusstes und mühevolles Abwägen von Alternativen durch die Bewertung von Informationen, um die bestmögliche Alternative zu identifizieren.

> *"We use the term choice in a more limited sense, however, to refer to choice made by a conscious consideration among alternatives. (...) We consider the contemplation of alternatives and selection among them to be a meaningful and effortful internal act that involves more than habitual behavior. The most advanced form of choosing involves weighing information about currently available options so as to select the option that seems most promising."*[21]

---

[18] Gabler Wirtschaftslexikon (o. J.), o. S.

[19] Vgl. Wirtschaftslexikon24 (o. J.), o. S.

[20] Schwartz, Barry (2004), S. 99.

[21] Vohs, Kathleen D. et al. (2008), S. 884.

Fisher/Mazur verstehen die Entscheidung als eine Funktion, die die Art und Weise wie Entscheider ihre Zeit aufteilen, beschreibt:

"Choice responding refers to the manner in which individuals allocate their time or responding among available response options."[22]

Zusammenfassend kann folgende Definition für eine Entscheidung gegeben werden:

Eine Entscheidung bezeichnet die bewusste und mühevolle Handlung der Abwägung zwischen mehreren (mindestens zwei) verfügbaren Alternativen durch die Bewertung von Informationen, unter Berücksichtigung gegebener Faktoren wie finanzielle Mittel und Zeit, mit dem Ziel die Alternative zu identifizieren, die die Bedürfnisse des Entscheiders am besten befriedigt.

Diese Definition beinhaltet die wichtigsten Elemente des Entscheidungsprozesses, weshalb sie die Grundlage der vorliegenden Arbeit bildet. Anzumerken gilt, dass Individuen stets die Wahl haben, ob sie eine Entscheidung treffen wollen oder nicht.[23] Generell ziehen es Menschen jedoch vor Entscheidungen selbst zu treffen anstatt sie an andere abzugeben und sie gehen zudem davon aus, dass sie damit auch zufriedener sind.[24] Des Weiteren ist festzuhalten, dass eine Entscheidung nicht nur von einer einzelnen Privatperson getroffen werden kann. So stellen Kaufentscheidungen von Familien bspw. kollektive Entscheidungen von Privatpersonen dar. Kollektive Entscheidungen können aber auch von einem Unternehmen oder einer Institution getroffen werden. Trifft eine einzelne Person eine Kaufentscheidung für das Unternehmen bzw. die Institution, so handelt es sich um einen Repräsentanten.[25] Die folgende Abbildung verdeutlicht diese Unterscheidungen.

---

[22] Fisher, Wayne W./Mazur, James E. (1997), S. 387.

[23] Vgl. Dhar, Ravi (1997), S. 215.

[24] Vgl. Botti, Simon/ Iyengar, Sheena S. (2004), S. 323.

[25] Vgl. Meffert, Heribert (1992), S. 38.

Abb. 1: Grundtypen von Kaufentscheidungen

	Haushalt	**Unternehmung bzw. Institution**
Individuum	(1) Kaufentscheidungen des Konsumenten	(2) Kaufentscheidungen des Repräsentanten
Kollektiv	(3) Kaufentscheidungen von Familien	(4) Kaufentscheidungen des Einkaufsgremiums (Buying Centers)

Quelle: Eigene Erstellung, in Anlehnung an: Meffert, Heribert (1992), S. 38.

2.1 Der homo oeconomicus als Leitbild des Handelns

Das Konzept des *homo oeconomicus* gehört zu den wohl bekanntesten und am weitesten verbreiteten Konzepten überhaupt. Auch heute wird das Konzept oftmals noch in der Ökonomie angewandt.[26] Sein Ursprung lässt sich nicht mehr eindeutig ausmachen. So schreiben einige Autoren **Vilfredo Pareto** die erste Erwähnung des *homo oeconomicus* im Jahre 1906 zu. Die erste Erwähnung des *economic man*, dem Vorläufer des *homo oeconomicus*, ist bereits im Jahre 1888 bei **John Kell Ingram** zu finden.[27] Andere Autoren argumentieren, dass das Konzept bereits 1844 von **John Stuart Mill** in die klassische Nationalökonomie eingeführt wurde.[28] **Joseph Schumpeter** identifiziert in dem Werk "L'Economo prudente" von **B. Frigerio** aus dem Jahr 1629 sogar schon einen Vorläufer für den *economic man*.[29] Weitere Autoren datieren das Konzept sogar noch viel weiter zurück. *"So verfolgen z. B. Stephen Lofthouse und John Vint (1978) erste Ansätze vor Adam Smith zurück über die Merkantilisten und Augustinus bis hin zu Äußerungen von Platon und Aristoteles."*[30] Obwohl sich nicht mehr bestimmen lässt, woher das Konzept ursprünglich stammt, so wird die Bedeutung ersichtlich, die dem *homo oeconomicus* zukommt. Der *homo oeconomicus* bezeichnet ein Individuum, das nur aus Eigeninteresse handelt. Trotz des Bewusstseins für eine demokratische Gesellschaft werden die Interessen anderer lediglich als Beeinflussung des eigenen Handlungsraums angesehen.[31] Zudem spielt das rationale Handeln des *homo oeconomicus* eine entscheidende Rolle. In der Ökonomie handelt ein Akteur rati-

---

[26] Vgl. Kirchgässner, Gebhard (1991), S. 66.

[27] Vgl. Persky, Joseph (1995), S. 222.

[28] Vgl. Hayek, Friedrich August von (2005), S. 81.

[29] Vgl. Schumpeter, Joseph A./Schumpeter, Elizabeth Boody (1954), S. 151.

[30] Kirchgässner, Gebhard (1991), S. 66.

[31] Vgl. ebenda, S. 16f.

onal, wenn er dem Maximal- und/oder dem Minimalprinzip folgt. Ersteres bezeichnet das Erreichen eines maximalen Outputs bei gegebenen Ressourcen. Letzteres beschreibt das Erreichen eines vorgegebenen Ziels durch den minimalen Einsatz von Ressourcen.[32] Durch dieses rationale Handeln versucht der *homo oeconomicus* seinen Nutzen zu maximieren.[33] Zudem passt er sein Verhalten entsprechend seiner Zielvorstellungen an sich verändernde Umweltbedingungen an.[34] *"Die Umwelt ermöglicht einerseits erst den Handlungsspielraum des Akteurs, andererseits begrenzt sie ihn auch. Zu den Umweltbedingungen bzw. Restriktionen zählen bspw. das verfügbare Einkommen, die auf den Märkten (erwartenden und) geltenden Preise, die rechtlichen Rahmenbedingungen des Handelns sowie die (erwarteten) Reaktionen der anderen."*[35] Des Weiteren besitzt der *homo oeconomicus* feststehende Präferenzen,[36] die seine Wertvorstellungen widerspiegeln und ihm dazu dienen Alternativen gegeneinander abzuwägen, um die Alternative zu identifizieren, die mit seinen Präferenzen am besten übereinstimmt.[37] Darüber hinaus erfolgt beim Konzept des *homo oeconomicus* eine Abstraktion von Unsicherheit und von Informationskosten, was bedeutet, dass der Akteur stets über vollständige Informationen verfügt.[38] Kritiker entgegnen dieser Annahme, dass die Unsicherheit ein bedeutendes Merkmal für Entscheidungen darstellt, die die Zukunft betreffen. Zudem werden bei der Annahme vollständiger Information zahlreiche Eigenschaften, wie bspw. die begrenzte Fähigkeit der Menschen Informationen zu verarbeiten oder Informationsasymmetrien am Markt, außer Acht gelassen.[39] **Simon** ersetzt daher das Bild vom rationalen Konsumenten, der alles relevante Wissen in Bezug auf seine Umwelt sowie klare Präferenzen besitzt, um die Alternative zu identifizieren, die ihm den höchsten Nutzen bringt, durch ein neues Konsumentenbild. Im Konzept der beschränkten Rationalität zeichnet sich der Konsument durch sein rationales Verhalten aus, das im Einklang mit dem Zugang zu Informationen und den informationsverarbeitenden Fähigkeiten des Konsumenten steht.[40] Zudem folgert **Simon**, dass eine tatsächliche Nutzenmaximierung aufgrund der komplexen Umweltbedingungen und der Begrenztheit der menschlichen Informationsverarbeitung nicht möglich ist und Konsumenten statt-

---

[32] Vgl. Franz, Stephan (2004), S. 5.

[33] Vgl. Kirchgässner, Gebhard (1991), S. 15f.

[34] Vgl. ebenda, S. 18.

[35] Franz, Stephan (2004), S. 7.

[36] Vgl. ebenda, S. 7f.

[37] Vgl. Kirchgässner, Gebhard (1991), S. 13f.

[38] Vgl. ebenda, S. 28f.

[39] Vgl. Weiber, Rolf (1996), S. 43.

[40] Vgl. Simon, Herbert A. (1955), S. 99.

dessen eher satisfizieren als maximieren.[41] Der *homo oeconomicus* kann als klassisches Beispiel für einen Nutzenmaximierer angesehen werden,[42] der in Entscheidungssituationen stets versucht die bestmögliche Alternative zu identifizieren.[43] Wenn Konsumenten aber eher Satisfizierer darstellen, die nach Alternativen suchen, die gut genug sind,[44] dann scheint es als habe der *homo oeconomicus* als Leitbild des Handelns ausgedient. Heute ist klar, dass Wirtschaftsakteure über keine vollständigen Informationen verfügen und sich auch nicht immer rational verhalten, weshalb der Spezialfall des *homo oeconomicus* als unrealistisch und überholt angesehen werden kann. Dennoch bildet er die Grundlage für ökonomische Theorien, wie z. B. die Verhaltenstheorie und hilft bei der Analyse wirtschaftlicher Vorgänge.[45]

2.2 Ansätze zur Erklärung des Konsumentenverhaltens

2.2.1 Verhaltenswissenschaftliche Ansätze

Um das Verhalten von Konsumenten zu erklären, ist es zunächst wichtig zwischen behavioristischen und neobehavioristischen Erklärungsansätzen zu unterscheiden. Beim Behaviorismus liegt der Fokus auf den beobachtbaren Reizen (Stimuli S), die den Organismus (O) beeinflussen und auf den daraus resultierenden beobachtbaren Reaktionen (R).[46] Die beim Konsumenten ablaufenden psychischen Prozesse sind nicht beobachtbar und werden deshalb aus der Betrachtung ausgeschlossen.[47] Es wird also davon ausgegangen, dass ein bestimmter Reiz eine bestimmte Reaktion hervorruft. Da das Individuum bzw. der Organismus lediglich als eine Black-Box betrachtet und somit die psychischen Vorgänge ausgeschlossen werden, ist es jedoch nicht möglich zu erklären, warum manche Konsumenten ein Produkt kaufen und andere nicht.[48] Dabei steht fest, dass verschiedene Individuen unterschiedlich auf den gleichen Reiz reagieren und dass ein Individuum nicht

---

[41] Vgl. Schwartz, Barry et al. (2002), S. 1178; Vgl. Iyengar, Sheena S./Wells, Rachael E./Schwartz, Barry (2006), S. 143.

[42] Vgl. Heap, Shaun Hargreaves (1992), S. 62.

[43] Vgl. Reed, Derek D. et al. (2011), S. 548.

[44] Vgl. Schwartz, Barry (2004), S. 78.

[45] Vgl. Kirchgässner, Gebhard (1991), S. 27ff.

[46] Vgl. Kroeber-Riel, Werner/Weinberg, Peter/Gröppel-Klein, Andrea (2011), S. 34.

[47] Vgl. Meffert, Heribert (1992), S. 25.

[48] Vgl. Foscht, Thomas/Swoboda, Bernhard (2007), S. 28.

immer die gleiche Reaktion auf ein und denselben Reiz zeigt.[49] Somit wird ersichtlich, dass die mit dem Behaviorismus einhergehenden SR-Modelle nicht in der Lage sind komplexe Prozesse, wie das Verhalten von Konsumenten zu erklären,[50] weshalb sie in der Verhaltensforschung nahezu keine Beachtung mehr finden.[51] Beim Neobehavorismus dagegen werden die nicht beobachtbaren Vorgänge, sogenannte intervenierende Variablen, miteinbezogen, um das Konsumentenverhalten zu erklären.[52] In diesem Zusammenhang wird vom sogenannten SOR-Paradigma,[53] oder von SOR-Modellen gesprochen.[54] Dabei wirkt ein Stimulus auf den Organismus ein und bewirkt eine Reaktion. Diese Reaktion ist sowohl vom Stimulus, als auch vom Organismus abhängig.[55] Die nachstehende Abbildung stellt das SOR-Modell dar.

Abb. 2: Neobehavioristisches SOR-Modell - Prinzipdarstellung

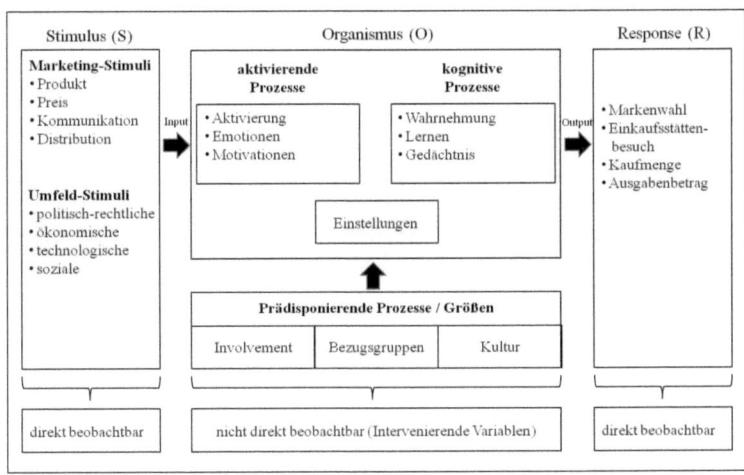

Quelle: Eigene Erstellung, in Anlehnung an: Foscht, Thomas/Swoboda, Bernhard (2007), S. 30.

---

[49] Vgl. Woodworth, Robert S./Marquis, Donald G. (1965), S. 205.

[50] Vgl. Foscht, Thomas/Swoboda, Bernhard (2007), S. 29.

[51] Vgl. Kroeber-Riel, Werner/Weinberg, Peter/Gröppel-Klein, Andrea (2011), S. 34.

[52] Vgl. ebenda.

[53] Vgl. Kuß, Alfred/Tomczak, Torsten (2000), S. 2.

[54] Vgl. Meffert, Heribert (1992), S. 26.

[55] Vgl. Woodworth, Robert S./Marquis, Donald G. (1965), S. 205.

Auf der linken Seite befinden sich die beobachtbaren Reize, wie bspw. der Preis oder das soziale Umfeld, die auf den Organismus einwirken. Auf der rechten Seite werden die beobachtbaren Reaktionen des Konsumenten, wie bspw. die Marken- wahl dargestellt. Die intervenierenden Variablen, die die nicht direkt beobachtba- ren Vorgänge im Organismus bezeichnen, befinden sich in der Mitte der Abbil- dung.[56] Mit Hilfe des SOR-Modells wird versucht, unter Einbeziehung der nicht direkt beobachtbaren Vorgänge, das Verhalten von Konsumenten zu erklären und dadurch Voraussagen im Bezug auf künftiges Verhalten zu treffen.[57] Auf Basis des vorgestellten SOR-Paradigmas wurden bereits ab den 1960er Jahren eine Rei- he von Konzepten entwickelt, die versuchen das Verhalten von Konsumenten zu erläutern.[58] Oftmals werden Totalmodelle genutzt, um zu erklären, warum Kon- sumenten bestimmte Entscheidungen treffen, insbesondere wenn diese kognitiv dominiert sind. Das Phasenmodell von **Blackwell/Miniard/Engel** gehört zu den gebräuchlichsten, da es das Zusammenwirken der psychischen Vorgänge, die zu einer Kaufentscheidung führen sehr gut veranschaulicht.[59] Dieses nachstehende Konsumenten-Entscheidungsprozess-Modell bildet den Entscheidungsprozess des Konsumenten ab und zeigt die wesentlichen Faktoren auf, die zur Entscheidungs- findung führen.

---

[56] Vgl. Kroeber-Riel, Werner/Weinberg, Peter/Gröppel-Klein, Andrea (2011), S. 34.
[57] Vgl. Meffert, Heribert (1992), S. 26.
[58] Vgl. Kuß, Alfred/Tomczak, Torsten (2000), S. 2.
[59] Vgl. Foscht, Thomas/Swoboda, Bernhard (2007), S. 25.

Abb. 3: The Consumer Decision Process Model

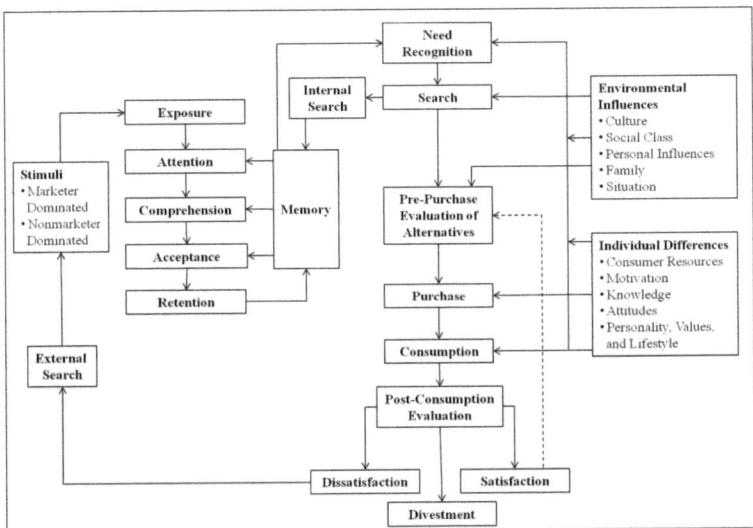

Quelle: Eigene Erstellung, in Anlehnung an: Blackwell, Roger D./Miniard, Paul W./Engel, James F. (2001), S. 83.

An erster Stelle steht ein Problem bzw. ein Bedürfnis des Konsumenten, welches es zu lösen bzw. zu befriedigen gilt.[60] Dafür ist es erforderlich, dass der Konsument die erforderlichen Informationen besitzt. Dies kann entweder durch eine interne (durch bereits vorhandenes Wissen) oder eine externe Beschaffung von Informationen erfolgen.[61] Eine übersichtliche Darstellung bezüglich der Informationsaufnahme findet sich bei **Kroeber-Riel/Weinberg/Gröppel-Klein.**

---

[60] Vgl. Blackwell, Roger D./Miniard, Paul W./Engel, James F. (2001), S. 72.

[61] Vgl. ebenda, S. 73.

Abb. 4: Die Informationsaufnahme von Konsumenten

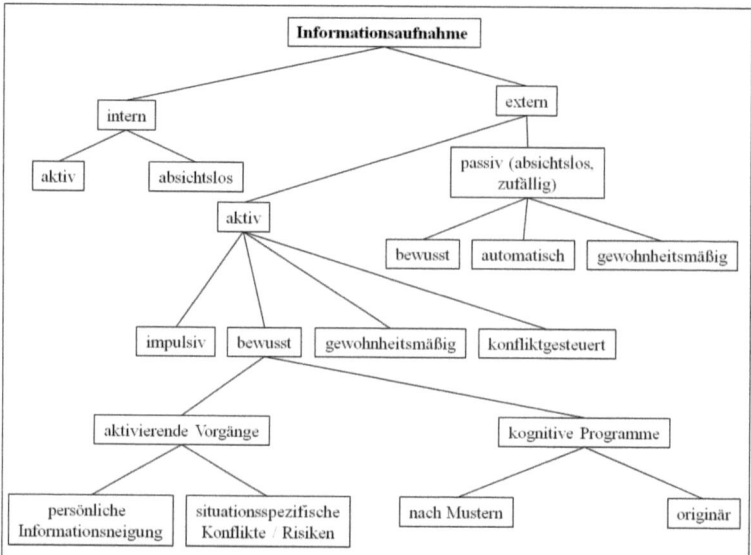

Quelle: Eigene Erstellung, in Anlehnung an: Kroeber-Riel, Werner/Weinberg, Peter/Gröppel-Klein, Andrea (2011), S. 300.

Der Unterscheidung zwischen interner und externer folgt eine nach aktiver und passiver Informationsaufnahme. Besonders interessant, auch für die späteren Betrachtungen, ist die externe, aktive, bewusste Informationsaufnahme.[62] Dieser zweite Schritt der Informationsaufnahme ist an die Informationsverarbeitung gekoppelt. Dieser Verarbeitungsprozess ist im linken Teil des Modells dargestellt. Als nächstes muss der Konsument die durch den Suchprozess identifizierten Alternativen bewerten. Für den Vergleich der Produkte verwendet jeder Konsument unterschiedliche Bewertungskriterien, die von individuellen Charakteristiken und Umwelteinflüssen beeinflusst werden (siehe rechte Seite des Modells).[63] Der vierte Schritt ist der Kauf oder Nicht-Kauf. In dieser Phase trifft der Konsument die tatsächliche Kaufentscheidung. Diese bezieht sich sowohl auf die Wahl des Händlers, als auch auf die Wahl des eigentlichen Produkts.[64] Anschließend folgt der Konsum bzw. die Nutzung des erworbenen Produkts. Auf Basis des Konsums erfolgt im sechsten Schritt die Bewertung des Produktes, die auch als Nach-Kauf-

---

[62] Vgl. Kroeber-Riel, Werner/Weinberg, Peter/Gröppel-Klein, Andrea (2011), S. 300.

[63] Vgl. Blackwell, Roger D./Miniard, Paul W./Engel, James F. (2001), S. 76.

[64] Vgl. ebenda, S. 79.

Bewertung bezeichnet wird. Die Grundlage hierfür sind die gemachten Erfahrungen während des Konsums. Werden die Erwartungen des Konsumenten erfüllt, so ist er mit dem Kauf zufrieden, werden sie jedoch nicht erfüllt, so tritt Unzufriedenheit ein. Diese Bewertung ist von außerordentlicher Wichtigkeit, da sie als Bezugspunkt für zukünftige Entscheidungen dient.[65] Die letzte Stufe des Modells beschreibt die Entledigung des Produkts, entweder durch den Verkauf oder durch das Entsorgen des Produkts.[66]

Da Totalmodelle, im Gegensatz zu Partialmodellen, nicht nur einen kleinen Ausschnitt der Realität abbilden, wird ihnen ein hoher didaktischer Wert zugesprochen.[67] Kritisiert werden Totalmodelle häufig wegen der Voraussetzung einer High-Involvement-Situation und der Vernachlässigung von Gefühlen[68] sowie zu hoher Deutungsspielräume und Probleme bei der Erhebung von Daten.[69] Deshalb werden in der Forschung bei der Betrachtung von Konsumentenverhalten in situationsspezifischen Kontexten immer häufiger Partialmodelle verwendet.[70]

2.2.2 Determinanten und Kaufentscheidungstypen als Erklärungsansätze

Die Grundlage von Partialmodellen bilden die psychischen Determinanten, die auf spezifische Kaufsituationen angepasst werden und somit eine hohe Vielfalt an determinierenden Sichtweisen bieten.[71] Diese Vielfalt der Sichtweisen wird in der folgenden Abbildung verdeutlicht.

---

[65] Vgl. Blackwell, Roger D./Miniard, Paul W./Engel, James F. (2001), S. 80.

[66] Vgl. ebenda, S. 82.

[67] Vgl. Foscht, Thomas/Swoboda, Bernhard (2007), S. 28; Vgl. Mazanec, Josef (1978), S. 40.

[68] Vgl. Trommsdorff, Volker (2004), S. 29f.

[69] Vgl. Mazanec, Josef (1978), S. 41.

[70] Vgl. Foscht, Thomas/Swoboda, Bernhard (2007), S. 28.

[71] Vgl. ebenda, S. 32.

Abb. 5: Schalenmodell des Kaufverhaltens

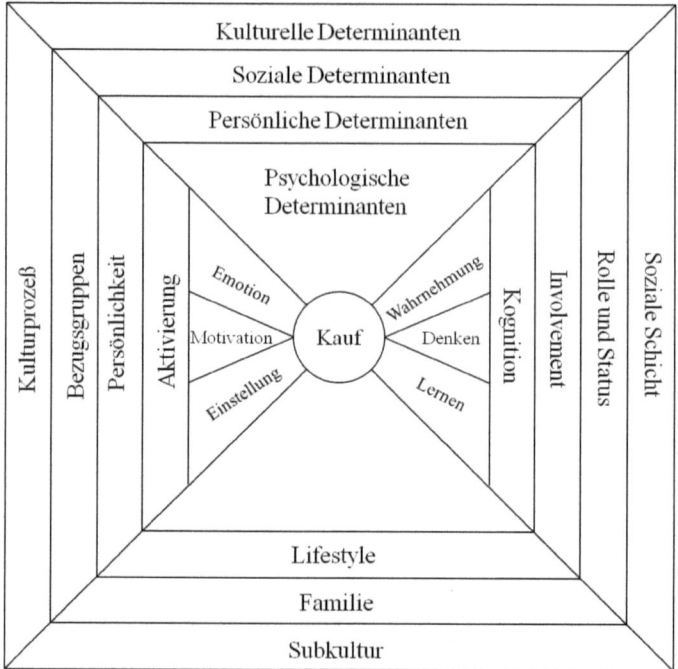

Quelle: Eigene Erstellung, in Anlehnung an: Weiber, Rolf (1996), S. 54.

Das Schalenmodell impliziert eine zunehmende Determinationsstärke der Einflussgrößen auf die Kaufentscheidung, wenn diese weiter innen liegen. Die psychologischen Determinanten liegen am nächsten an dem Kaufakt bzw. dem Modellkern, weshalb sie auch in diesem Modell im Fokus bezüglich der Erklärung des Kaufverhaltens stehen.[72] Die psychischen Determinanten basieren auf den Kernüberlegungen des SOR-Paradigmas und können in aktivierende und kognitive Prozesse unterteilt werden.[73] *"Als aktivierend werden solche Vorgänge bezeichnet, die mit inneren Erregungen und Spannungen verbunden sind und das Verhalten antreiben. Kognitiv sind solche Vorgänge, durch die das Individuum die Informationen aufnimmt, verarbeitet und speichert."*[74] Zudem können die Vorgänge nach ihrem elementaren oder komplexen Charakter unterschieden werden. Obwohl komplexe Vorgänge sowohl aktivierenden als auch kognitiven Cha-

---

[72] Vgl. Weiber, Rolf (1996), S. 54.

[73] Vgl. Foscht, Thomas/Swoboda, Bernhard (2007), S. 33.

[74] Kroeber-Riel, Werner/Weinberg, Peter/Gröppel-Klein, Andrea (2011), S. 51.

rakter besitzen, werden sie dennoch einem der beiden Systeme zugeordnet, je nachdem welcher Charakter der dominierende ist.[75] Demnach lassen sich Kaufentscheidungen nach ihrem Ausmaß an kognitiver Steuerung unterscheiden.[76] Extensive Kaufentscheidungen, die meistens bei hochwertigen und langlebigen Gebrauchsgütern auftreten, fordern vom Konsumenten eine hohe kognitive Beteiligung. Es dauert verhältnismäßig lange bis der Konsument wegen fehlender produktspezifischer Erfahrungen relevante Entscheidungskriterien identifiziert und eine Beurteilung der Alternativen vorgenommen hat.[77] Bei habituellen Kaufentscheidungen, die vor allem alltägliche Güter betreffen, ist die kognitive Steuerung dagegen relativ gering. Die Wahl eines Produktes findet ohne Informationssuche und -verarbeitung statt, d. h. sie basiert auf gewohnten Verhaltensweisen.[78] An dieser Stelle ist das Konzept des *Evoked Set* anzuführen. **Narayna/Markin** unterteilen alle auf dem Markt befindlichen Produkte *(Total Set)* in zwei Kategorien. Während die erste Kategorie die Produkte beinhaltet, welche der Konsument nicht wahrnimmt *(Unawareness Set)*, so beinhaltet die zweite Kategorie diejenigen Produkte, die er wahrnimmt *(Awareness Set)*. Diese wahrgenommenen Produkte lassen sich wiederum in drei Gruppen aufspalten: Die Gruppe an Produkten, die für den Konsumenten nicht in Frage kommen *(Inept Set)*, die Gruppe, die neutrale Produkte beinhaltet, weil dem Konsumenten möglicherweise weitere Informationen zur Beurteilung fehlen *(Inert Set)*, und die Gruppe an Produkten, die der Konsument tatsächlich in seine Kaufentscheidung mit einbezieht *(Evoked Set)*.[79] Bei habitualisierten Kaufentscheidungen greift der Konsument also auf Produkte aus dem *Evoked Set* zurück. Die limitierte Kaufentscheidung basiert auf bereits bestehenden Problemlösungsmustern und bereits gebildeten Entscheidungskriterien, die der Konsument durch vorhergehende Kauferfahrungen erworben hat.[80] Eine durch einen Reiz verursachte spontane Reaktion des Konsumenten in Form eines Kaufaktes beschreibt eine impulsive Kaufentscheidung. *"Aufgrund des kognitiven Differenzierungsansatzes bieten die Kaufentscheidungstypen einen verbreiteten Zugang für ökonomische Theorien und Ansätze zur Analyse des Käuferverhaltens (...)."*[81] **Kroeber-Riel/Weinberg/Gröppel-Klein** erweitern die kognitive Differenzierung um emotionale sowie reaktive Prozesse.

---

[75] Vgl. Kroeber-Riel, Werner/Weinberg, Peter/Gröppel-Klein, Andrea (2011), S. 51.

[76] Vgl. Weiber, Rolf (1996), S. 55.

[77] Vgl. Meffert, Heribert (1992), S. 39.

[78] Vgl. ebenda, S. 40.

[79] Vgl. Narayna, Chem L./Markin, Rom J. (1975), S. 2.

[80] Vgl. Meffert, Heribert (1992), S. 42.

[81] Foscht, Thomas/Swoboda, Bernhard (2007), S. 149.

Abb. 6: Dominante psychische Prozesse und Entscheidungsverhalten

Art der Entscheidung	Dominante Prozesse		
	emotional	kognitiv	reaktiv
extensiv	X	X	
limitiert		X	
habitualisiert			X
impulsiv	X		X

Quelle: Eigene Erstellung, in Anlehnung an: Kroeber-Riel, Werner/Weinberg, Peter/Gröppel-Klein, Andrea (2011), S. 411.

Die Abbildung stellt eine idealtypische Einteilung dar, die unter zusätzlicher Berücksichtigung emotionaler und reaktiver Aspekte die Differenzierung des Entscheidungsverhaltens verfeinert.[82] So bieten sich für das Marketing Ansatzpunkte, um Einfluss auf das Konsumentenverhalten zu nehmen.

2.2.3 Der Einfluss von Bewertungsmöglichkeiten auf den Entscheidungsprozess

In Kapitel 2.2.1 wurde der Entscheidungsprozess eines Konsumenten anhand des Totalmodells von **Blackwell/Miniard/Engel** dargestellt. Unter Bezug auf die Bewertung der Alternativen, gilt es festzuhalten, dass neben den Bewertungskriterien des Konsumenten, die Beurteilungsmöglichkeiten der jeweiligen Produkteigenschaften eine wesentliche Rolle im Bewertungsprozess einnehmen. Im Rahmen der Informationsökonomie werden Such-, Erfahrungs- und Vertrauenseigenschaften von Leistungsangeboten unterschieden.[83] Dabei bezeichnen Sucheigenschaften solche Eigenschaften eines Produktes, die der Konsument bereits vor dem Kauf vollständig beurteilen kann. Ein Beispiel dafür ist der Kauf von Bekleidung, die vor dem Kauf anprobiert und somit inspiziert werden kann.[84] Erfahrungseigenschaften können dagegen erst nach dem Kauf vom Konsumenten, während des Gebrauchs oder Verbrauchs des Produkts beurteilt werden. Als Beispiel ist der Kauf von Lebensmitteln zu nennen, deren Leistung der Konsument erst

---

[82] Vgl. Kroeber-Riel, Werner/Weinberg, Peter/Gröppel-Klein, Andrea (2011), S. 411.
[83] Vgl. Weiber, Rolf (1996), S. 69.
[84] Vgl. Nelson, Phillip (1970), S. 312.

beim Verbrauch bzw. Konsum, also nach dem Kauf beurteilen kann.[85] Bei den Vertrauenseigenschaften kann der Konsument im Normalfall weder vor noch nach dem Kauf eine vollständige Beurteilung des Produktes vornehmen. Hier kann eine Operation als Beispiel angeführt werden. Der Konsument kann in diesem Fall nicht nachvollziehen, ob er eine optimale Leistung erhalten hat oder nicht.[86] Die drei dargestellten Eigenschaftstypen sind komplementär zu betrachten, d. h., dass jedes Produkt zu einem bestimmten Anteil aus Such-, Erfahrungs- und Vertrauenseigenschaften besteht, die schließlich 100% ergeben. Dadurch ist es möglich jedes Leistungsangebot in einem Dreieck zu positionieren.[87] Die folgende Abbildung verdeutlicht diesen Sachverhalt.

Abb. 7: Komplementarität von Leistungseigenschaften

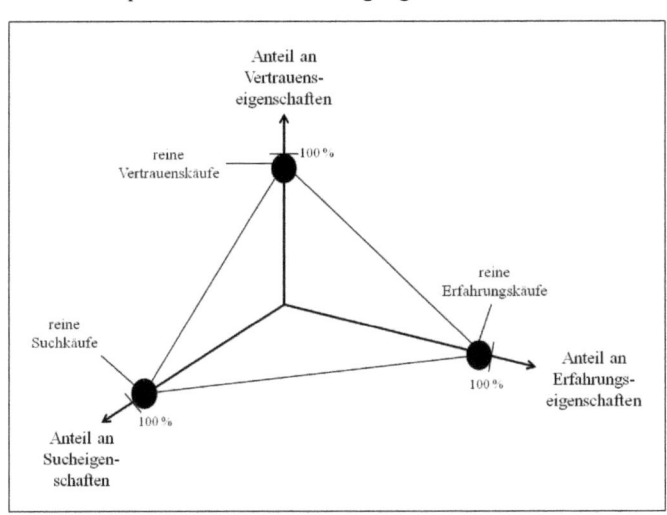

Quelle: Eigene Erstellung, in Anlehnung an: Weiber, Rolf (1996), S. 74.

Bezeichnet man nun Kaufprozesse mit einem hohen Anteil an Such-/Erfahrungs-/Vertrauenseigenschaften als Such-/Erfahrungs-/Vertrauenskäufe, so lassen sich diese Kaufprozesse in einem vereinfacht dargestellten zweidimensionalen Dreieck einordnen, welches als informationsökonomisches Dreieck bezeichnet wird.[88]

---

[85] Vgl. Nelson, Phillip (1970), S. 312.

[86] Vgl. Darby, Michael R./Karni, Edi (1973), S. 68f.

[87] Vgl. Weiber, Rolf (1996), S. 74.

[88] Vgl. ebenda, S. 74f.

Abb. 8: Positionierung von Kaufprozessen im informationsökonomischen Dreieck

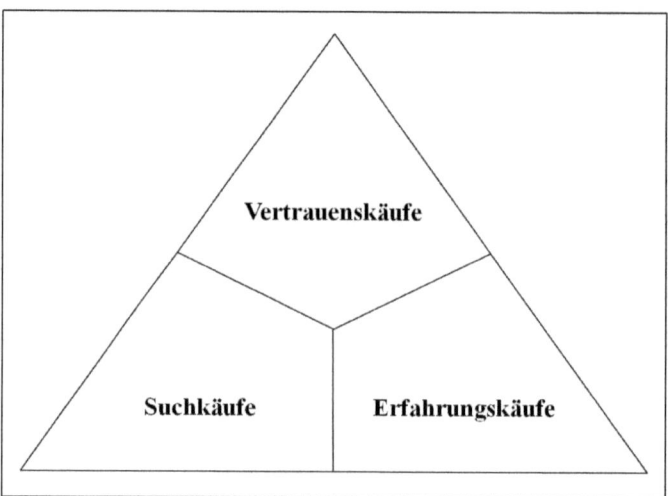

Quelle: Eigene Erstellung, in Anlehnung an: Weiber, Rolf (1996), S. 75.

Während der Unterschied zwischen Such- und Erfahrungskäufen im Zeitpunkt der Beurteilbarkeit liegt, so unterscheiden sich die beiden von Vertrauenskäufen im Hinblick auf die Beurteilbarkeit der Leistungseigenschaften.[89] **Zeithaml** stellt fest, dass es sich bei Vertrauenskäufen meistens um Dienstleistungen handelt. Die der Dienstleistung inhärenten Eigenschaften, wie Immaterialität, Nicht-Standardisierbarkeit, Nicht-Lagerbarkeit und die Untrennbarkeit von Produktion und Konsum, machen die Bewertung der Dienstleisung weitaus schwieriger als die von Sachgütern. Dies impliziert, dass der Konsument für Dienstleistungen einen abweichenden Bewertungsprozess zu bewerkstelligen hat.[90] Konsumenten verlassen sich bspw. bei der Informationssuche vor dem Kauf einer Dienstleistung eher auf persönliche Quellen, da diese glaubwürdiger erscheinen.[91] Auch **Schwartz** stellt fest, dass Word-of-mouth-Aktivitäten oftmals einen größeren Einfluss auf die Entscheidung als Testberichte haben können.[92] Zudem nutzen Konsumenten bei der Bewertung der Dienstleistung häufig den Preis oder die äußere Erscheinung der Einrichtungen, in der die Dienstleistung erbracht wird, als Indi-

---

[89] Vgl. Weiber, Rolf (1996), S. 80.
[90] Vgl. Zeithaml, Valarie A. (1981), S. 186.
[91] Vgl. ebenda, S. 187.
[92] Vgl. Schwartz, Barry (2004), S. 56f.

kator für die Qualität.[93] Zudem gilt es anzumerken, dass das *Evoked Set* im Falle von Dienstleistungen wesentlich kleiner ist als bei Gütern. Dies liegt vor allem daran, dass im Handel viele Güter in unmittelbarer Nähe gegenübergestellt werden, wohingegen Dienstleistungen zumeist einzeln angeboten werden.[94] Darüber hinaus sieht sich der Konsument beim Kauf einer Dienstleistung mit einem höheren Risiko konfrontiert. Der Grund dafür liegt darin, dass aufgrund der Eigenschaften der Dienstleistung das tatsächliche Leistungsergebnis nicht exakt vorhersehbar ist und Dienstleistung oftmals ohne Garantien verkauft werden.[95]

---

[93] Vgl. Zeithaml, Valarie A. (1981), S. 187.

[94] Vgl. ebenda, S. 188.

[95] Vgl. ebenda.

3 Auswirkungen gestiegener Entscheidungsmöglichkeiten

Nachdem sich das vorangehende Kapitel der Frage wie Entscheidungen getroffen werden, gewidmet hat, dient das vorliegende Kapitel dazu die Auswirkungen der gestiegenen Entscheidungsmöglichkeiten zu diskutieren. Die gestiegenen Wahlmöglichkeiten sind in allen Bereichen des täglichen Lebens, wie zum Beispiel bei der Wahl der Karriere, des Wohnortes, des Lebenspartners, des Urlaubsorts oder von Konsumgütern, zu beobachten.[96] Die freie Entscheidung stellt ein grundlegendes Menschrecht dar und gilt als Ausdruck des freien Willens.[97] Deshalb wird eine große Auswahl von vielen Menschen auch als die höchste Leistung der heutigen Märkte angesehen.[98] In der Gesellschaft hat sich das Motto 'je mehr, desto besser' etabliert. Zudem leben und handeln immer mehr Menschen nach dieser Maxime.[99] Auch Händler werben damit alle erdenklichen Produkte mit ihrem riesigen Sortiment abzudecken.[100] So wirbt *mobile.de* in einem TV-Werbespot z. B. damit der größte deutsche Fahrzeugmarkt zu sein.[101] Viele Wissenschaftler sind sogar der Meinung mehr Möglichkeiten können nur Vorteile mit sich bringen.[102] Denn Studien belegen, dass eine Steigerung der Sortimentsgröße zu zusätzlichen Verkäufen und damit zur Umsatzsteigerung führt.[103] Diese Vorteile der gestiegenen Auswahlmöglichkeiten werden in Kapitel 3.1 diskutiert. Hier werden unter anderen Punkte wie die höhere Präferenzübereinstimmung, die Reduktion der Suchkosten oder der Spaß beim Einkaufen angesprochen. Im Laufe des letzten Jahrzehnts erschienen jedoch eine Reihe von wissenschaftlichen Beiträgen, in denen die Vorteile der gestiegenen Entscheidungsmöglichkeiten in Frage gestellt wurden. Die Autoren beweisen anhand von Untersuchungen, dass eine große Auswahl an Alternativen auch negative Auswirkungen auf den Konsumenten haben kann.[104] So können große Sortimente bspw. dazu führen, dass der Konsument mit einer Entscheidung überfordert ist und deshalb die Entscheidung verschiebt oder sogar gänzlich vermeidet.[105] Ein solcher Fall wäre fatal für einen Händler,

---

[96] Vgl. Scheibehenne, Benjamin/Greifeneder, Rainer/Todd, Peter M. (2010), S. 409.

[97] Vgl. Savani, Krishna/Markus, Hazel Rose/Conner, Alana L. (2008), S. 870; Vgl. Stephens, Nicole M./Markus, Hazel Rose/Townsend, Sarah S. M. (2007), 827.

[98] Vgl. Diehl, Kristin/Poynor, Cait (2010), S. 313.

[99] Vgl. Iyengar, Sheena S./Lepper, Mark R. (2000), S. 995.

[100] Vgl. Diehl, Kristin/Poynor, Cait (2010), S. 320.

[101] Vgl. mobile.de (2012), o. S.

[102] Vgl. Schwartz, Barry (2004), S. 19.

[103] Vgl. Koelemeijer, Kitty/Oppewal, Harmen (1999), S. 341.

[104] Vgl. ebenda; Vgl. Iyengar, Sheena S./Lepper, Mark R. (2000), S. 1004; Vgl. Dar-Nimrod, Ilan et al. (2009), S. 631.

[105] Vgl. Shafir, Eldar/Simonson, Itamar/Tversky, Amos (1993), S. 21.

weshalb ein großer Bedarf besteht die negativen Wirkungen von großen Sortimenten bzw. gestiegenen Möglichkeiten zu identifizieren, um diesen mit geeigneten Maßnahmen entgegen zu treten. Kapitel 3.2 widmet sich diesen negativen Auswirkungen.

3.1 Positive Auswirkungen gestiegener Entscheidungsmöglichkeiten

3.1.1 Autonomie und Motivation

Die Möglichkeit (Kauf-)Entscheidungen zu treffen ist ein Ausdruck von Autonomie.[106] Trifft ein Konsument eine Entscheidung so empfindet er eine Art persönlicher Kontrolle.[107] Die Entscheidung als Ausdruck des selbstbestimmten Handelns erhöht die intrinsische Motivation.[108] Sogar triviale Entscheidungen führen zu enormen Konsequenzen bzgl. der Motivation.[109] **Zuckerman et al.** bestätigen diese These anhand eines Experiments, in dem es darum ging Puzzles zu lösen. Die Probanden, die sich ihr Puzzle selbst aussuchen konnten, zeigten eine größere intrinsische Motivation als diejenigen, die keine Auswahlmöglichkeit besaßen. Dies verdeutlicht, dass die Motivation mit zunehmender Kontrolle ansteigt.[110] Selbstkontrolle und intrinsische Motivation führen zu Spaß bei der Entscheidungsaufgabe, besserer Leistung und gesteigerter Lebenszufriedenheit.[111] Deshalb steigert ein größeres Sortiment die wahrgenommene Entscheidungsfreiheit, diese erhöht die Aufmerksamkeit, aktive Teilnahme und das Wohlbefinden des Konsumenten, wodurch wiederum die Wahrscheinlichkeit einer Kaufentscheidung erhöht wird.[112] Eine große Auswahl kommt der Tatsache entgegen, dass Konsumenten unterschiedliche Geschmäcker haben und wahrt somit die Individualität bzw. die individuelle Freiheit jedes einzelnen Konsumenten.[113]

---

[106] Vgl. Raz, Joseph (1986), S. 371.

[107] Vgl. Langer, Ellen J./Rodin, Judith (1976), S. 192.

[108] Vgl. Deci, Edward L./Ryan, Richard M. (1985), S. 57.

[109] Vgl. Langer, Ellen J. (1975), S. 326; Vgl. Iyengar, Sheena S./Lepper, Mark R. (2000), S. 1004.

[110] Vgl. Zuckerman, Miron et al. (1978), S. 445.

[111] Vgl. Iyengar, Sheena S./Huberman, Gur/Jiang, Wei (2004), S. 84.

[112] Vgl. Reibstein, David J./Youngblood, Stuart A./Fromkin, Howard L. (1975), S. 434; Vgl. Langer, Ellen J./Rodin, Judith (1976), S. 191.

[113] Vgl. Postrel, Virginia (2005), S. 3.

3.1.2 Abwechslung und Spaß

Konsumenten bevorzugen eine Vielfalt an Produkten. Dafür lassen sich drei
hauptsächliche Gründe anführen. Der erste ist ein internes Bedürfnis nach Vielfalt
in Bezug auf die Befriedigung bestimmter Eigenschaften bzw. der Wunsch nach
zusätzlichen Reizen. Ein weiterer Grund liegt in den Veränderungen der Umwelt,
welche durch den Händler initiiert oder auf natürliche Weise entstanden sein können. Des Weiteren versuchen sich Konsumenten durch die Suche nach Abwechslung für die Zukunft abzusichern. Ein größerer Bestand an Alternativen ist eher in
der Lage zukünftige Präferenzen zu erfüllen.[114] Die Suche nach einer Vielfalt an
Alternativen bietet demnach eine Verringerung des Risikos, dass der Konsument
seinen Geschmack oder seine Vorlieben ändert.[115] Der Wunsch nach Abwechslung treibt Konsumenten sogar dazu weniger präferierte Alternativen zu wählen.
Dies geschieht sogar dann, wenn sie weniger Freude an diesen Alternativen haben
als sie an einer wiederholten Wahl der höher präferierten Alternative gehabt hätten. Der Grund dafür ist die Tatsache, dass die favorisierte Alternative von dem
Vergleich mit den weniger präferierten Alternativen profitiert. Konsumenten erin-
nern sich wohlwollend an die Reihenfolge ihrer Wahl, wenn sie eine vielseitige
Auswahl an Erfahrungen beinhaltet, auch dann, wenn sie weniger erfreuliche Erfahrungen mit eingeschlossen hat.[116] **Ariely/Levav** liefern zwei weitere Gründe
dafür, dass Konsumenten eine Vielfalt an Produkten bevorzugen. Die zugrunde
liegende Studie untersucht das Entscheidungsverhalten von Individuen in Gruppen bei der Bestellung von Essen und Trinken. Die Ergebnisse zeigen, dass Individuen dazu tendieren die gleiche Alternative zu wählen, die bereits zuvor von
einem anderen Gruppenmitglied gewählt wurde. Dies liegt zum einen an dem
Drang zur Selbstdarstellung, der durch den Vergleich zu anderen Gruppenmitgliedern entsteht, und zum anderen an der Vermeidung der Informationssuche und -
verarbeitung. Diese Vermeidung erspart dem Konsumenten die Zeit und Mühe
einer eigenen Entscheidungsfindung.[117]

Neben dem Erreichen eines Ziels, wie z. B. das Finden eines bestimmten Produkts
(bspw. ein Weihnachtsgeschenk) kann eine Einkaufserfahrung an sich Spaß bereiten.[118] Zahlreiche Menschen spazieren durch die Fußgängerzonen ohne ein be-

---

[114] Vgl. Kahn, Barbara E. (1995), S. 146.

[115] Vgl. Simonson, Itamar (1990), S. 151; Vgl. Kahn, Barbara E./Lehmann, Donald R. (1991), S. 276f.

[116] Vgl. Ratner, Rebecca K./Kahn, Barbara E./Kahnemann, Daniel (1999), S. 13.

[117] Vgl. Ariely, Dan/Levav, Jonathan (2000), S. 288.

[118] Vgl. Babin, Barry J./Darden, William R./Griffin, Mitch (1994), S. 645.

stimmtes Einkaufsziel vor Augen zu haben und erfreuen sich an der großen Auswahl an Geschäften sowie an Produkten. Eine kleinere Auswahl würde das Einkaufsvergnügen unweigerlich vermindern.

3.1.3 Präferenzübereinstimmung und Reduktion von Suchkosten

Wissenschaftler sind auch der Meinung, dass zusätzliche Alternativen bei rationalem Verhalten eine Verbesserung darstellen. Die Konsumenten, die viele Alternativen bevorzugen profitieren selbstverständlich von zusätzlichen Angeboten und diejenigen, die eher weniger Alternativen bevorzugen, können die zusätzlichen Alternativen einfach ignorieren.[119] Der Vorteil liegt hauptsächlich an der gesteigerten Wahrscheinlichkeit, dass Konsumenten das finden, was sie suchen.[120] Wenn Konsumenten genau das Produkt finden, das ihre Bedürfnisse befriedigt, so erhöht sich auch die Wahrscheinlichkeit des Kaufs erheblich.[121] **Kuksov/Villas-Boas** haben in einer Untersuchung, in der es darum ging welche Anzahl an DSL-Anbietern den Nachfragern vorgestellt werden sollten, herausgefunden, dass es sogar eine optimale Anzahl von Alternativen gibt. Im Fall der DSL-Anbieter betrug die optimale Anzahl vier, wobei anzumerken ist, dass diese Zahl von Situation zu Situation variiert. Zu viele Alternativen können den Kunden möglicherweise überfordern, aber zu wenige geben ihm das Gefühl zu wenig Entscheidungsmöglichkeiten zu haben.[122] **Shah/Wolford** beschreiben diesen Sachverhalt anhand einer umgedrehten U-Kurve. Ihre Studien zeigen ebenfalls, dass das Kaufverhalten mit zunehmenden Alternativen solange ansteigt, bis ein Optimum erreicht ist und danach wieder abfällt.[123] Dennoch schlussfolgern Konsumenten, dass ein größeres Sortiment im Gegensatz zu einem kleineren, eine höhere Wahrscheinlichkeit bietet das zu finden, was sie suchen.[124] Zudem bedient eine hohe Produktvielfalt die Verschiedenartigkeit an Geschmäckern.[125] Außerdem begünstigen große Sortimente die Reduktion von Suchkosten. So können Konsumenten bspw. an Ort und Stelle einen direkten Vergleich zwischen vielen Alternativen durchführen und erhalten dadurch einen Eindruck von der gebotenen Qualität.[126]

---

[119] Vgl. Schwartz, Barry (2004), S. 19.

[120] Vgl. Dworkin, Gerald (1982), S. 60; Vgl. Gourville, John T./Soman, Dilip (2005), S. 383.

[121] Vgl. Shah, Avni M./Wolford, George (2007), S. 369.

[122] Vgl. Kuksov, Dmitri/Villas-Boas J. Miguel (2005), S. 507; Vgl. Chernev, Alexander (2003), S. 170.

[123] Vgl. Shah, Avni M./Wolford, George (2007), S. 369f.

[124] Vgl. Oppewal, Harmen/Koelemeijer, Kitty (2005), S. 48.

[125] Vgl. Kahn, Barbara E./Lehmann, Donald R. (1991), S. 278.

[126] Vgl. Scheibehenne, Benjamin/Greifeneder, Rainer/Todd, Peter M. (2010), S. 411.

Aus den verringerten Suchkosten resultiert eine enorme Zeitersparnis für den Konsumenten.[127]

3.2 Negative Auswirkungen gestiegener Entscheidungsmöglichkeiten: Der Overload-Effekt

Die positiven Effekte die mit gestiegenen Auswahlmöglichkeiten einhergehen werden durch die zahlreichen negativen Effekte, wie z. B. die hohen Suchkosten, höhere Wechselkosten und die niedrige Entscheidungsqualität, kompensiert. Der Nettoeffekt ist daher eher gering oder sogar negativ.[128] Zahlreiche Studien belegen diese negativen Effekte, die durch ein erhöhtes Angebot von Alternativen entstehen. Zunächst ist der Beitrag von **Iyengar/Lepper** anzuführen, der als Grundstein der 'Too Much Choice-Forschung' angesehen wird.[129] In der ersten von drei Studien haben die Wissenschaftler herausgefunden, dass Konsumenten die Auswahl zwischen 24 Marmeladensorten gegenüber der Auswahl zwischen lediglich sechs Sorten präferieren. Unter den Probanden, die sich den sechs Sorten gewidmet haben, konnte jedoch eine viel höhere Kaufabsicht festgestellt werden. In der zweiten Studie wurde Studenten angeboten einen Aufsatz zu schreiben, um sich Bonuspunkte zu verdienen. Die Studenten waren bei der Auswahl unter sechs Themen im Gegensatz zu 30 eher gewillt einen Aufsatz zu schreiben und diejenigen, die unter den sechs Themen gewählt haben, lieferten qualitativ bessere Aufsätze ab. In der dritten Studie haben die Probanden es vorgezogen unter 30 anstatt nur sechs Schokoladensorten zu wählen. Diese Probanden waren am Ende jedoch unzufriedener und bereuten ihre Entscheidung. Diese drei Studien bestätigen die These, dass Konsumenten eine größere Auswahl schätzen, da sie viele Möglichkeiten mit sich bringt. Dadurch entsteht aber auch ein höheres Verantwortungsgefühl, das in Frustration während des Entscheidungsprozesses und schließlich in Unzufriedenheit mit der Entscheidung mündet.[130] In einer weiteren Untersuchung stellten **Iyengar/Huberman/Jiang** die Überforderung von amerikanischen Arbeitnehmern fest, die durch das zahlreiche Angebot an Pensionsplänen entsteht. Die riesige Auswahl an Pensionsplänen schüchtert die Arbeitnehmer eher ein, anstatt sie anzutreiben in ihren Ruhestand zu investieren.[131] Weitere Studien zeigen ebenfalls, dass eine zu hohe Anzahl von Alternativen die Zufriedenheit der

---

[127] Vgl. Betancourt, Roger/Gautschi, David (1990), S. 154.

[128] Vgl. Schram, Arthur/Sonnemans, Joep (2011), S. 812.

[129] Vgl. Handelsblatt Online (2010), S. 1.

[130] Vgl. Iyengar, Sheena S./Lepper, Mark R. (2000), S. 1003.

[131] Vgl. Iyengar, Sheena S./Huberman, Gur/Jiang, Wei (2004), S. 92.

Konsumenten mit der Entscheidung sowie die Kaufabsicht erheblich reduzieren kann.[132] **Tanius et al.** beobachteten, dass es Personen deutlich schwerer fällt aus 24 im Gegensatz zu sechs Medikamentenplänen den für sie besten zu wählen. Zudem konnte im Falle der großen Auswahl eine viel schlechtere Entscheidungsqualität festgestellt werden, was im Einklang mit den anderen Studien steht.[133] Auch die Studie von **Haynes** kommt zu dem Ergebnis, dass eine Erhöhung der Entscheidungsalternativen den Entscheidungsprozess komplexer und somit schwieriger macht. Dies führt zu Frustration und zu Unzufriedenheit des Konsumenten bzgl. seiner Entscheidung.[134] All diese Studien liefern Beweise für die negativen Effekte, die durch ein erhöhtes Angebot von Alternativen entstehen. Diese Effekte werden in der Literatur durch das 'Choice-Overload-Phänomen' beschrieben, welches im Folgenden näher betrachtet werden soll.

3.2.1 Explikation von Overload

Das Phänomen des Choice Overloads ist bereits im 14. Jahrhundert bei **Jean Buridan** aufzufinden. Der französische Philosoph erkannte längst die Problematik, die bei der Wahl zwischen mehreren Alternativen auftreten kann. Dies veranschaulichte er anhand eines Gleichnisses, in welchem ein Esel vor zwei identischen Heuhaufen steht. Die Heuhaufen sind sowohl gleich groß als auch gleich weit von ihm entfernt. Der Esel überlegt solange, welchen Heuhaufen er essen soll, bis er verhungert.[135] Die Geschichte zeigt auf, dass ein Entscheidungsproblem, welches erst durch das Angebot von mehreren Alternativen entsteht, verheerende Folgen haben kann. Nachdem diese Problematik viele Jahrhunderte in Vergessenheit geraten war und die Gesellschaft dem Motto 'je mehr, desto besser' folgte, wurde sie von **Iyengar/Lepper** aufgegriffen und unter dem Begriff 'Choice Overload' bekannt.[136] Der Choice Overload-Effekt beschreibt die negativen Auswirkungen, die mit gestiegenen Entscheidungsmöglichkeiten einhergehen, wie bspw. eine verringerte Motivation bzgl. der Entscheidungsfindung und dem tatsächlichen Fällen der Entscheidung[137], reduzierte Präferenzstärke[138] sowie ein

---

[132] Vgl. Shah, Avni M./Wolford, George (2007), S. 370; Vgl. Reutskaja, Elena/Hogarth, Robin M. (2006), S. 28.

[133] Vgl. Tanius, Betty E. et al. (2009), S. 98.

[134] Vgl. Haynes, Graeme A. (2009), S. 211.

[135] Vgl. Handelsblatt Online (2010), S. 1.

[136] Vgl. ebenda; Vgl. Iyengar, Sheena S./Lepper, Mark R. (2000), S. 995.

[137] Vgl. Iyengar, Sheena S./Huberman, Gur/Jiang, Wei (2004), S. 84.

[138] Vgl. Chernev, Alexander (2003), S. 181; Vgl. Iyengar, Sheena S./Lepper, Mark R. (2000), S. 1004.

Anstieg an negativen Emotionen wie Enttäuschung und Bereuen in Bezug auf die getroffene Entscheidung.[139] In der Literatur lassen sich mittlerweile eine Vielzahl von unterschiedlichen Bezeichnungen für dieses Phänomen finden, das die negativen Auswirkungen von gestiegenen Entscheidungsmöglichkeiten bezeichnet. So werden neben 'Choice Overload'[140] die Bezeichnungen 'overchoice effect',[141] 'the problem of too much choice',[142] 'the tyranny of choice',[143] 'too-much-choice effect'[144] und 'choice overload hypothesis'[145] verwendet. Der Choice Overload-Effekt ist demnach als eine Folge von zu viel Entscheidungsmöglichkeiten anzusehen. Doch hier stellt sich die Frage, ab welcher Anzahl tatsächlich von zu viel Möglichkeiten gesprochen werden kann. Um darauf eine Antwort zu finden, muss der Prozess der Entscheidungsfindung betrachtet werden. Das Treffen von Entscheidungen erfordert die bewusste und aufwendige Abwägung zwischen Alternativen. Dies beinhaltet das Abwägen und Gewichten von Informationen. Dafür wird die Fähigkeit der Informationsaufnahme und -verarbeitung benötigt, die als äußerst kostspielig bezeichnet werden kann.[146] **Shugan** spricht in diesem Zusammenhang von Denkkosten,[147] weil die Fähigkeit der Informationsaufnahme und -verarbeitung in ihrer Kapazität begrenzt ist.[148] Diese Begrenztheit kann schließlich als Grund der Überforderung durch zu viele Alternativen angesehen werden kann.[149] **Miller** postuliert eine Kapazität des Kurzzeitgedächtnisses von sieben Informationseinheiten.[150] **Simon** erhält bei der Betrachtung verschiedener Experimente ein ähnliches Ergebnis von fünf bis sieben Informationseinheiten.[151] Laut Definition kann anhand einer Informationseinheit eine Entscheidung zwischen zwei Alternativen getroffen werden. Dies bezieht sich allerdings auf eine binäre Entscheidung, also bspw. die Entscheidung zwischen ja und nein und nicht auf eine Entscheidung zwischen zwei Produkten.[152] Deshalb kann auch durch die Angabe von Informationseinheiten leider keine eindeutige Anzahl für zu viel Ent-

---

[139] Vgl. Schwartz, Barry (2004), S. 163.

[140] Vgl. Iyengar, Sheena S./Lepper, Mark R. (2000); Vgl. Diehl, Kristin/Poynor, Cait (2010).

[141] Vgl. Gourville, John T./Soman, Dilip (2005).

[142] Vgl. Fasolo, Barbara/McClelland, Gary H./Todd, Peter M. (2007).

[143] Vgl. Schwartz, Barry (2000).

[144] Vgl. Scheibehenne, Benjamin/Greifeneder, Rainer/Todd, Peter M. (2009).

[145] Vgl. dies. (2010).

[146] Vgl. Vohs, Kathleen D. et al. (2008), S. 884.

[147] Vgl. Shugan, Steven M. (1980), S. 100.

[148] Vgl. Mogilner, Cassie/Rudnick, Tamar/Iyengar, Sheena S. (2008), S. 210f.

[149] Vgl. ebenda.

[150] Vgl. Miller, George A. (1956), S. 90.

[151] Vgl. Simon, Herbert A. (1974), S. 487.

[152] Vgl. Miller, George A. (1956), S. 83.

scheidungsmöglichkeiten gefunden werden. Nichtsdestotrotz findet **Malhotra** in einer empirischen Untersuchung Belege dafür, dass Konsumenten von einer Anzahl von zehn und mehr Alternativen bzw. 15 Eigenschaftsausprägungen überfordert sind und daher keine vernünftige Entscheidung mehr treffen können.[153] Es gilt jedoch anzunehmen, dass diese Zahl von Situation zu Situation unterschiedlich ist und hauptsächlich von der subjektiven Wahrnehmung des Konsumenten und seiner Kompetenz hinsichtlich der zu wählenden Alternative abhängt.[154] Daher ist es wohl zweckdienlich von keiner bestimmten Zahl, sondern im Einklang mit **Iyengar/Lepper** von einer begründet großen aber nicht ungewöhnlichen Zahl an Möglichkeiten auszugehen.[155]

Information Overload ist ein weiteres Konstrukt, das in diesem Zusammenhang betrachtet werden sollte. Choice Overload ist auf den gesteigerten kognitiven Aufwand zurückzuführen, der zum Treffen einer Entscheidung benötigt wird.[156] Diese Annahme ist identisch mit der Information Overload-Hypothese.[157] Information Overload bezieht sich ebenfalls auf die begrenzte Fähigkeit des Menschen, Informationen aufzunehmen und zu verarbeiten. Bei Überschreitung dieser Grenzen wird der Mensch überfordert und seine Leistungsfähigkeit, wie bspw. das Treffen von Entscheidungen, wird ungenau und ineffektiv.[158] Wird ein Konsument also in der Entscheidungssituation mit einer bestimmten Menge an Informationen konfrontiert, bspw. Informationen auf der Verpackung, so trifft er mit steigender Packungsinformation schlechtere Entscheidungen.[159] Laut **Scheibehenne/Greifeneder/Todd** wird beim Information Overload bei der Berechnung der Menge an Informationen sowohl die Anzahl an Alternativen als auch die Anzahl an Eigenschaftsausprägungen der Alternativen betrachtet, während beim Choice Overload nur ersteres Betrachtung findet. Da im Falle von Choice Overload nur die Anzahl an Alternativen relevant ist, bezeichnen die Autoren Choice Overload als eine Spezialform von Information Overload.[160] Auf der anderen Seite kann aber auch argumentiert werden, dass die großen Mengen an Informationen, die die kognitiven Fähigkeiten von Menschen herausfordern oder gar einschränken, der großen Auswahl an Entscheidungsmöglichkeiten anhaften.[161] Dies bedeutet, dass

---

[153] Vgl. Malhotra, Naresh K. (1982), S. 427.

[154] Vgl. Iyengar, Sheena S./Lepper, Mark R. (2000), S. 1004.

[155] Vgl. ebenda, S. 996.

[156] Vgl. ebenda, S. 1004; Vgl. Mogilner, Cassie/Rudnick, Tamar/Iyengar, Sheena S. (2008), S. 210f.

[157] Vgl. Scheibehenne, Benjamin/Greifeneder, Rainer/Todd, Peter M. (2010), S. 419.

[158] Vgl. Jacoby, Jacob (1977), S. 569; Vgl. Malhotra, Naresh K. (1982), S. 419.

[159] Vgl. Jacoby, Jacob/Speller, Donald E./Kohn, Carol A. (1974), S. 67.

[160] Vgl. Scheibehenne, Benjamin/Greifeneder, Rainer/Todd, Peter M. (2010), S. 419.

[161] Vgl. Mogilner, Cassie/Rudnick, Tamar/Iyengar, Sheena S. (2008), S. 211.

die große Auswahl an Alternativen der Ursprung der Informationsmenge ist. Dieser Argumentation folgend könnte Information Overload als eine Spezialform von Choice Overload bezeichnet werden. Die beiden Sichtweisen machen die enge Verknüpfung dieser zwei Konstrukte deutlich. Deshalb scheint es zweckmäßig zu sein, nicht zwischen ihnen zu unterscheiden, sondern sie folglich gemeinsam unter dem Begriff 'Overload' zusammenzufassen.

3.2.2 Wie entsteht Overload?

Im Folgenden soll geklärt werden, wie Overload überhaupt entsteht. Denn diese Kenntnisse sind grundlegend für die spätere Entwicklung von Reduktionsmaßnahmen. **Payne/Bettman/Johnson** führen drei Faktoren an, die üblicherweise für Entscheidungsprobleme verantwortlich sind: Der erste Punkt ist die für den Konsumenten verfügbare Anzahl von Produktalternativen.[162] Wie bereits herausgestellt wurde, stellt die Größe eines Sortiments den Kern der Overload-Problematik dar und kann daher als Hauptursache für die Entstehung von Overload angesehen werden.[163] Der zweite Punkt wird beschrieben durch die Wahrscheinlichkeit mit der bestimmte Ereignisse eintreten und der damit verbundenen Unsicherheit des Konsumenten, mit der seine Handlungen zu einem bestimmten Ergebnis führen.[164] An dritter Stelle wird der Wert angeführt, den der Konsument dem Entscheidungsergebnis, also dem ausgewählten Produkt beimisst. Hierbei verfolgen Konsumenten häufig mehrere Ziele, wie bspw. maximale Sicherheit und einen minimalen Preis.[165] Da Konsumenten die Wahrscheinlichkeit, mit der gewisse Ereignisse eintreten, nicht kennen und somit unsicher im Hinblick auf das spätere Entscheidungsergebnis sind, bereuen Konsumenten nach der Kaufentscheidung oftmals ihre getroffene Entscheidung. Dies kann sich auf das ausgewählte Produkt im Vergleich zu anderen Produkten oder auch auf den Zeitpunkt der Wahl beziehen. Im ersten Fall wählt der Konsument bspw. unter zwei verfügbaren Alternativen eine aus und bereut es später sich nicht für die andere Alternative entschieden zu haben. Der zweite Fall kann wiederum in zwei Situationen unterteilt werden. Entscheidet sich der Konsument frühzeitig ein Produkt zu kaufen, so besteht die Möglichkeit des Bereuens darin, dass ein besseres Produkt zum gleichen Preis oder das gewählte Produkt zu einem niedrigeren Preis angeboten wird. Entscheidet sich der Konsument jedoch auf ein besseres Angebot zu warten, so ist es mög-

---

[162] Vgl. Payne, John W./Bettman, James R./Johnson, Eric J. (1993), S. 20.

[163] Vgl. Scheibehenne, Benjamin/Greifeneder, Rainer/Todd, Peter M. (2010), S. 411.

[164] Vgl. Payne, John W./Bettman, James R./Johnson, Eric J. (1993), S. 20.

[165] Vgl. ebenda.

lich, dass sich die Angebotskonditionen verschlechtern und daher das ursprüngliche Angebot das bessere gewesen wäre. Auch hier bereut der Konsument im Nachhinein seine getroffene Entscheidung.[166] Konsumenten wissen selbstverständlich um die Möglichkeit, dass sie ihre Entscheidung später bereuen könnten und versuchen dies zu verhindern, indem sie das Bereuen antizipieren und in ihren Entscheidungsprozess miteinbeziehen.[167] Untersuchungen haben ergeben, dass Konsumenten, die bei der Abwägung zwischen einem sofortigem Kauf und einem späteren Kauf ihre zukünftigen Gefühle miteinbeziehen, eher früher kaufen als später.[168] Entscheider versuchen also ihre Gefühle im Bezug auf das Ergebnis der Entscheidung vorherzusehen, um dadurch die Möglichkeit einer negativen Erfahrung, wie bspw. Unzufriedenheit mit dem Produkt oder das Bereuen der Entscheidung zu minimieren.[169] In der Literatur wird dieses Verhalten durch die Begriffe 'anticipated regret',[170] 'regret avoidance'[171] oder 'regret aversion'[172] beschrieben. Das erwartete Bereuen und das Gefühl die Verantwortung für die Entscheidung zu tragen, erhöhen beim Konsumenten die Wahrscheinlichkeit der Entscheidung für ein herkömmliches und konservatives Produkt im Vergleich zu einer risikoreicheren Alternative. Ein herkömmliches Produkt bezeichnet hierbei bspw. eine Marke, die der Konsument bereits kennt. Die risikoreichere Alternative ist ihm dagegen nicht bekannt aber dafür preislich wesentlich günstiger. Der Konsument könnte durch den Kauf der risikobehafteten Alternative am Ende besser gestellt sein, wenn die Qualität seinen Bedürfnissen entspricht. Entspricht die Qualität aber nicht seinen Anforderungen, so wird er seine Entscheidung bereuen.[173] Darauf aufbauend können bekannte Marken ihren Marktanteil gegenüber günstigeren und weniger bekannten Marken ausbauen, indem sie den Konsumenten anregen über sein zukünftiges Empfinden im Falle einer Fehlentscheidung nachzudenken. Ein bekanntes Beispiel in diesem Zusammenhang ist eine Werbung von *Kodak*, in der ein Kunde einen günstigeren Film bei einem Konkurrenten von *Kodak* erwirbt und im Anschluss seine Entscheidung bereut.[174] Durch eine solche Werbung wird den Konsumenten bewusst gemacht, dass die Wahrscheinlichkeit des Bereuens besteht und zugleich eine hohe Qualität des Markenprodukts suggeriert, die ein potentielles Bereuen eher unwahrscheinlich machen soll. Schließlich gilt es fest-

---

[166] Vgl. Simonson, Itamar (1992), S. 105f.

[167] Vgl. Zeelenberg, Marcel (1999), S. 101; Vgl. Tochkov, Karin (2009), S. 232.

[168] Vgl. Simonson, Itamar (1992), S. 116.

[169] Vgl. Larrick, Richard P. (1995), S. 87.

[170] Vgl. Simonson, Itamar (1992).

[171] Vgl. Schwartz, Barry (2000).

[172] Vgl. Zeelenberg, Marcel et al. (1996).

[173] Vgl. Simonson, Itamar (1992), S. 106.

[174] Vgl. ebenda, S. 116.

zuhalten, dass steigende Entscheidungsmöglichkeiten die Konsumenten zu dem Gedanken verleiten es könne immer eine noch bessere Alternative geben. Dies führt zu der Befürchtung, dass die Konsumenten ihre Entscheidung später bereuen werden. Die Inklusion des erwarteten Bereuens in den Entscheidungsprozess kann daher zum Overload führen und den Konsumenten davon abhalten überhaupt eine Entscheidung zu treffen.[175]

Eine weitere Erklärung für die Entstehung von Overload liegt in den Zielkonflikten oder auch 'trade-offs', die bei der Entscheidung zwischen mehreren Alternativen entstehen. Jede Entscheidung beinhaltet mehrere Alternativen, wobei jede Alternative mit relativen Vor- und Nachteilen ausgestattet ist. Um nun eine Entscheidung fällen zu können, muss der Konsument zwischen den Vor- und Nachteilen der Alternativen abwägen.[176] Diese Abwägung erzeugt ein Konfliktgefühl beim Konsumenten.[177] Das Problem besteht darin, dass der Konsument nicht weiß, wie er die positiven und negativen Eigenschaften der Produkte gegeneinander abwägen soll.[178] Entscheidet sich der Konsument für ein Produkt, so profitiert er zwar von den positiven Eigenschaften des ausgewählten Produkts, verliert aber gleichzeitig auch die positiven Eigenschaften der anderen Alternative. In Anlehnung an die *Prospect Theory* bei der Verluste bedeutsamer als Gewinne sind, kann gefolgert werden, dass Zielkonflikte bei Entscheidungen zu negativen Emotionen wie z. B. Unzufriedenheit führen können.[179] Das macht sowohl wichtige Entscheidungen, wie bspw. die Berufswahl, als auch unwichtigere Entscheidungen, wie bspw. die Wahl des Mittagessens, äußerst schwierig.[180] Die Lösung eines solchen Konfliktes stellt nicht nur eine emotionale, sondern auch eine sehr hohe kognitive Herausforderung dar.[181] Zielkonflikte erzeugen einen enorm hohen kognitiven Aufwand und verringern deshalb ausführende kognitive Ressourcen, welche unter anderem auch für die Selbstkontrolle benötigt werden. Daher sind Konsumenten, die mit großen Zielkonflikten konfrontiert werden, weniger in der Lage Selbstkontrolle auszuüben und treffen somit eher falsche Kaufentscheidungen.[182] Da Konsumenten in der Abwägung zwischen allen Aspekten begrenzt sind, fokussieren sie sich hauptsächlich auf eine leicht zugängliche und überzeugende Eigenschaft. Dies hat zur Folge, dass die Konsumenten eine unangemesse-

---

[175] Vgl. Schwartz, Barry (2004), S. 163.

[176] Vgl. Wang, Jing et al. (2010), S. 911.

[177] Vgl. Dhar, Ravi (1997), S. 217.

[178] Vgl. Tversky, Amos/Shafir, Eldar (1992), S. 358.

[179] Vgl. Schwartz, Barry (2004), S. 130.

[180] Vgl. Tversky, Amos/Shafir, Eldar (1992), S. 358.

[181] Vgl. Luce, Mary Frances/Payne, John W./Bettman, James R. (1999), S. 144.

[182] Vgl. Wang, Jing et al. (2010), S. 910.

ne Gewichtung von Eigenschaften vornehmen.[183] Ein Beispiel für eine unangemessene Gewichtung ist die Betrachtung des Preises als alleiniges Entscheidungskriterium, unter Ausschluss aller anderen Produkteigenschaften. Konsumenten sind sich anscheinend zwar bewusst, dass es Aktivitäten gibt, die zu einer Verringerung der Ressourcen und somit zu schlechteren Entscheidungen führen, sie ahnen aber nicht, auf welche Art und Weise die Entscheidungen zu einer Verringerung führen. Dies macht eine effektive Steuerung der Ressourcen unmöglich und infolge dessen besteht die Möglichkeit von Fehlentscheidungen und den daraus resultierenden negativen Konsequenzen.[184] Es kann demnach festgehalten werden, dass Zielkonflikte die Entscheidungsfindung negativ beeinflussen. Daher können sie als eine weitere Erklärung für Overload angesehen werden.

Zusammenfassend können das erwartete Bereuen und die Zielkonflikte, die durch die gestiegenen Entscheidungsmöglichkeiten hervorgerufen werden, als Ursachen von Overload bezeichnet werden.

3.2.3 Moderatoren von Overload

Nachdem gezeigt wurde, wie Overload entsteht, werden nun Moderatoren diskutiert, die die Stärke des Overload-Effektes beeinflussen können. Der Einfluss der Sortimentsgröße auf die Produktwahl wird durch die Art des Sortiments maßgeblich beeinflusst. Unter der Annahme steigender Produktalternativen hat ein Sortiment vergleichbarer Produkte einen positiven und ein Sortiment nicht vergleichbarer Produkte einen negativen Einfluss auf die Produktwahl.[185] Produkte sind vergleichbar, wenn sie sich bezüglich einer einzigen kompensatorischen Eigenschaft unterscheiden, die beide in einem bestimmten Ausmaß besitzen. Ein Beispiel hierfür ist die Milch, die sich nur anhand des Fettgehalts von einer anderen Marke unterscheidet. Hierbei muss der Konsument lediglich die verschiedenen Ausprägungshöhen der Alternativen bezüglich der einen Eigenschaftsausprägung abwägen. Er entscheidet sich also für mehr oder weniger Fettgehalt in der Milch. Dagegen sind Produkte nicht vergleichbar, wenn sie sich bezüglich mehrerer nicht-kompensatorischen Eigenschaften unterscheiden, d.h. wenn ein Produkt Eigenschaften besitzt, das das andere Produkt nicht besitzt. So hat ein Notebook bspw. ein Bluray-Laufwerk und ein anderes dafür einen SD-Karten-Slot. Hierbei muss der Konsument zwischen den verschiedenen Eigenschaften abwägen und es

---

[183] Vgl. Nordgren, Loran F./Dijksterhuis, Ap (2009), S. 39.

[184] Vgl. Wang, Jing et al. (2010), S. 918.

[185] Vgl. Gourville, John T./Soman, Dilip (2005), S. 393.

entsteht der im vorangehenden Kapitel bereites angesprochene Zielkonflikt.[186] Bei nicht vergleichbaren Sortimenten kommt es zu kognitiven Überlastungen bei den Konsumenten, da sie versuchen, alle zur Verfügung stehenden Informationen zu verarbeiten. Zudem besteht eine hohe Möglichkeit, dass es zum Bereuen der Entscheidung kommt.[187] Wenn Händler aber nun Sortimente anbieten, deren Produkte sich bezüglich der Attraktivität kaum unterscheiden, dann sind sich Konsumenten unsicher im Bezug auf ihre Präferenzen. Daraus folgt eine höhere Wahrscheinlichkeit, dass der Overload-Effekt auftritt und die Konsumenten deshalb ihre Entscheidung verschieben.[188] Auf der anderen Seite ist es möglich, dass Händler ihrem Sortiment eine zusätzliche Alternative hinzufügen, die im Gegensatz zu den anderen Alternativen attraktiver ist. Dieses Vorgehen steigert wiederum die Wahrscheinlichkeit, dass Konsumenten eine Kaufentscheidung fällen.[189] Die steigende relative Attraktivität durch die dominante Alternative erleichtert den Entscheidungsprozess und verringert somit den Overload.[190] Dadurch, dass die Art des Sortiments, in Form von Attraktivitätsunterschieden zwischen den Produkten, die Intensität des Overload-Effektes und damit auch die Wahrscheinlichkeit der Kaufentscheidung beeinflussen kann, ist sie als Moderator anzusehen.

Ein weiterer Moderator von Overload ist die Entscheidungsstrategie des Konsumenten. Dabei wird zwischen der Strategie des Maximierers und der des Satisfizierers unterschieden. Während Maximierer versuchen die bestmögliche Alternative zu finden, betrachten Satisfizierer mehrere Möglichkeiten als akzeptabel.[191] Satisfizierer haben bestimmte Kriterien und Standards, nach denen sie die Produkte beurteilen. Finden sie ein Produkt, das diese Standards erfüllt, beenden sie die Suche. Da dieses Produkt als gut genug angesehen wird, verschwenden Satisfizierer auch keine Gedanken an die Möglichkeit, dass es noch eine bessere Alternative geben könnte.[192] Aus diesem Grund kann gefolgert werden, dass die Anzahl von Alternativen keinen wesentlichen Einfluss auf die Entscheidungsfindung von Satisfizierern hat. Maximierer sind dagegen viel anfälliger für alle Formen des Bereuens, was in der Literatur als 'buyer's remorse' bezeichnet wird.[193] **Reed et al.** haben herausgefunden, dass Satisfizierer große Auswahlmöglichkeiten weniger schätzen als Maximierer. Die Autoren führen diese Tatsache auf die Erwar-

---

[186] Vgl. Gourville, John T./Soman, Dilip (2005), S. 385.

[187] Vgl. ebenda, S. 393.

[188] Vgl. Dhar, Ravi (1997), S. 215.

[189] Vgl. ebenda, S. 217.

[190] Vgl. Malhotra, Naresh K. (1982), S. 428.

[191] Vgl. Reed, Derek D. et al. (2011), S. 548.

[192] Vgl. Schwartz, Barry (2004), S. 78.

[193] Vgl. ebenda, S. 85f.

tung von Suchkosten zurück. Der Maximierer geht davon aus, dass ein großes Sortiment im Gegensatz zu einem kleineren eine höhere Möglichkeit bietet die beste Alternative zu finden und deshalb nimmt er die hohen Suchkosten in Kauf. Im Gegensatz dazu geht der Satisfizierer davon aus, dass ein kleineres Sortiment ebenfalls eine gute Alternative beinhaltet und zudem weniger Suchkosten benötigt werden.[194] Maximierer sind eher gewillt gewisse Ressourcen, wie bspw. Zeit, Energie oder Geld zu opfern, um auch in großen Sortimenten die bestmögliche Alternative zu finden, im Gegensatz zu Satisfizierern, die lediglich nach einer zufriedenstellenden Alternative suchen. Doch schlussendlich sind Maximierer, die Ressourcen aufgeben, um mehr Alternativen zu betrachten mit ihrer Entscheidung weniger zufrieden als Satisfizierer oder auch als Maximierer, die ihre Entscheidung in kleinen Sortimenten treffen. Dieser paradoxe Sachverhalt, dass Maximierer auf der einen Seite bereit sind Ressourcen zu opfern, um mehr Alternativen zu erhalten, aber auf der anderen Seite weniger zufrieden mit ihrer Entscheidung sind, wird als 'Maximization Paradox' beschrieben.[195] Untersuchungen bestätigen, dass Maximierer in einem höheren Maße von Bereuen, Depressionen und Entscheidungsschwierigkeiten betroffen sind als Satisfizierer. Zudem sind sie unglücklicher, weniger optimistisch, haben ein geringeres Selbstwertgefühl und sind sowohl mit dem Ergebnis ihrer Entscheidungen als auch mit ihrem Leben unzufriedener.[196] Satisfizierer sind eher nicht dazu gewillt Zeit, Energie oder Geld zu opfern, um mehr Alternativen betrachten zu können und bleiben deshalb im Gegensatz zu Maximierern auch größtenteils vor dem Overload-Effekt verschont.[197] Dennoch gilt es anzumerken, dass Satisfizierer zwar glücklicher und zufriedener als Maximierer sind, sie treffen aber auch objektiv gesehen die schlechteren Entscheidungen.[198] Untersuchungen bezüglich der Vorgehensweise von Satisfizierern bei der Entscheidungsfindung werden benötigt, um herauszufinden, wie sie es schaffen Entscheidungen zu treffen, die ihr Wohlempfinden steigern. Aus den Ergebnissen könnten Strategien entwickelt werden, um den Overload-Effekt bei Maximierern zu verhindern.[199] Eine Erklärung für die Unzufriedenheit der Maximierer mit ihrer Entscheidung könnte sein, dass sie durch die aufgebrachten Opfer eine höhere Erwartungshaltung an die beste Alternative haben, was es wiederum

---

[194] Vgl. Reed, Derek D. et al. (2011), S. 557.

[195] Vgl. Dar-Nimrod, Ilan et al. (2009), S. 631.

[196] Vgl. Iyengar, Sheena S./Wells, Rachael E./Schwartz, Barry (2006), S. 143; Vgl. Schwartz, Barry et al. (2002), S. 1193.

[197] Vgl. Dar-Nimrod, Ilan et al. (2009), S. 635.

[198] Vgl. Iyengar, Sheena S./Wells, Rachael E./Schwartz, Barry (2006), S. 147; Vgl. Schwartz, Barry et al. (2002), S. 1193.

[199] Vgl. Dar-Nimrod, Ilan et al. (2009), S. 635.

schwieriger macht diese zu erreichen.[200] Allein die Tatsache eines großen Sortiments lässt die Erwartungen der Konsumenten steigen, dass sie das finden, was sie suchen. Doch Untersuchungen zeigen, dass ein größeres Sortiment zu keiner besseren Präferenzübereinstimmung führt.[201] Ein weiterer Punkt, der die Unzufriedenheit des Maximierers erklären könnte, ist die Tatsache, dass er nach der besten Alternative sucht. Dies erfordert eine vollständige Suche bzw. Betrachtung aller Alternativen, was meistens unmöglich ist.[202] Bereits 1956 stellte **Simon** fest, dass die Komplexität der Umwelt und die begrenzte Fähigkeit der Informationsverarbeitung des Menschen eine Maximierung nahezu unmöglich macht, weshalb Konsumenten im Allgemeinen eher der Strategie des Satisfizierers folgen.[203] **Schwartz et al.** folgen der Argumentation, dass Konsumenten nicht entweder Maximierer oder Satisfizierer sind. Konsumenten befinden sich in einem Kontinuum zwischen diesen beiden Polen, wobei die Ausprägung von Bereich zu Bereich unterschiedlich ist. Konsumenten tendieren bspw. beim Kauf eines Handys eher zum Maximieren und beim Kauf einer Brezel eher entgegengesetzt.[204] Der Overload-Effekt betrifft Konsumenten somit unterschiedlich stark, je nachdem wie stark ihr Optimierungswille ausgeprägt ist.

Die Rechtfertigung stellt einen weiteren Faktor dar, der Einfluss auf den Overload-Effekt nehmen kann. Konsumenten entscheiden sich für die Alternative, die sie vor sich selbst und vor anderen am leichtesten rechtfertigen können.[205] Daher entscheiden sich Konsumenten für bekannte Produkte oder für Produkte, die den anderen in der wichtigsten Eigenschaft überlegen sind. Diese Vorgehensweise ist einfach durchzuführen und zu rechtfertigen, da sie qualitative Argumente zur Lösung von Konflikten beinhaltet.[206] Allerdings kann diese Vorgehensweise auch dazu führen, dass Konsumenten Produkte zurückweisen, die insgesamt einen größeren Gesamtnutzen gehabt hätten als das ausgewählte Produkt, da sie in jeder Eigenschaft, außer der leicht zu rechtfertigenden, überlegen sind.[207] Konsumenten suchen somit nach dominanten Strukturen. Ziel ist es dabei eine vielversprechende Alternative zu finden, die gegenüber den anderen Alternativen dominant erscheint.[208] Denn solche dominanten Alternativen sind leichter zu rechtfertigen und

---

[200] Vgl. Dar-Nimrod, Ilan et al. (2009), S. 635; Vgl. Iyengar, Sheena S./Wells, Rachael E./Schwartz, Barry (2006), S. 147.

[201] Vgl. Diehl, Kristin/Poynor, Cait (2010), S. 313.

[202] Vgl. Schwartz, Barry et al. (2002), S. 1193.

[203] Vgl. Simon, Herbert A. (1956), S. 129.

[204] Vgl. Schwartz, Barry et al. (2002), S. 1194.

[205] Vgl. Slovic, Paul (1975), S. 280.

[206] Vgl. Tversky, Amos/Sattah, Shmuel/Slovic, Paul (1988), S. 375.

[207] Vgl. Slovic, Paul (1975), S. 287.

[208] Vgl. Montgomery, Henry (1983), S. 345.

schwieriger zu kritisieren.[209] Da Entscheidungen Argumente benötigen, die die Wahl eines Produktes gegenüber anderer Produkte rechtfertigen,[210] kann das Treffen einer Entscheidung deshalb als Suche nach guten Argumenten angesehen werden.[211] Diese Argumente basieren allerdings nicht nur auf den Eigenschaften der Produkte, sondern auch auf den gegebenen Rahmenbedingungen. Diese zahlreichen Rahmenbedingungen lassen bestimmte Produkteigenschaften in bestimmten Situationen wichtiger erscheinen.[212] Das bedeutet, dass der Konsument in verschiedenen Situationen unterschiedlichen Argumentationen folgt, auch wenn das Produktsortiment das gleiche ist. Wie bereits erwähnt, treffen Konsumenten solche Entscheidungen, die sie vor anderen Personen, wie bspw. Vorgesetzten, Ehepartnern oder Gruppenmitgliedern, am leichtesten rechtfertigen können.[213] Die dabei vom Konsumenten vermutete Bewertung durch andere erfolgt explizit, wenn der Entscheider die Verantwortung für andere trägt oder implizit, wenn der Entscheider von anderen beobachtet wird und deshalb kompetent erscheinen möchte.[214] Die Tatsache, dass der Konsument für seine Entscheidung verantwortlich ist, wird somit zum Hindernis der Entscheidungsfindung.[215] Je verantwortlicher sich ein Konsument für die Entscheidung fühlt, desto wichtiger wird das Ergebnis und desto analytischer und komplexer werden die von ihm genutzten Entscheidungsstrategien.[216] Dies macht deutlich, dass der Overload umso stärker wird, desto höher das Gefühl der Rechtfertigung beim Konsumenten ausgeprägt ist. Deshalb kann der Drang zur Rechtfertigung als Moderator für den Overload-Effekt angesehen werden.

Ein weiterer Punkt, der in der Lage ist die Stärke des Overloads zu beeinflussen, ist die Existenz bzw. die Absenz von Präferenzen. Wenn der Konsument, bevor er sich in eine Entscheidungssituation begibt, keine Präferenzen bezüglich seiner Vorlieben gebildet hat, so entsteht für ihn eine sehr komplexe Aufgabe. Diese Aufgabe beinhaltet das gleichzeitige Bilden von Präferenzen und zudem die Suche nach dem Produkt, das diese Präferenzen am ehesten widerspiegelt.[217] **Chernev** kommt in seinen Untersuchungen zu dem Ergebnis, dass Konsumenten mit zuvor gebildeten Präferenzen bei großen Sortimenten eher auf ihre Entschei-

---

[209] Vgl. Simonson, Itamar (1989), S. 171.

[210] Vgl. Shafir, Eldar/Simonson, Itamar/Tversky, Amos (1993), S. 34.

[211] Vgl. Montgomery, Henry (1983), S. 343.

[212] Vgl. Shafir, Eldar/Simonson, Itamar/Tversky, Amos (1993), S. 34.

[213] Vgl. Simonson, Itamar (1989), S. 159.

[214] Vgl. Curley, Shawn P./Yates, J. Frank/Abrams, Richard A. (1986), S. 232.

[215] Vgl. Tetlock, Philip E. (1985), S. 307.

[216] Vgl. ebenda, S. 316.

[217] Vgl. Chernev, Alexander (2003), S. 181.

dungen vertrauen und diese weniger häufig widerrufen als Konsumenten ohne zuvor gebildete Präferenzen. Die bereits definierten Präferenzen dienen den Konsumenten als Maßstab bei der Bewertung der Alternativen. Die Ergebnisse machen deutlich, dass Konsumenten, denen es an Präferenzen mangelt, anfällig für Overload sind.[218] Auch **Dhar** bestätigt diese These, indem er schlussfolgert, dass Konsumenten ohne Präferenzen am Ende keine Entscheidung treffen.[219] Anbietern kann deshalb geraten werden geeignete Maßnahmen, wie bspw. Werbemaßnahmen, zu ergreifen, um die Präferenzbildung bei Konsumenten zu fördern und damit den Overload zu verringern. Es gilt allerdings anzumerken, dass manche Strukturen dazu führen, dass Präferenzen bezüglich Produkteigenschaften auf verschiedene Situationen übertragbar sind und andere nicht. Diese anderen Strukturen führen zur Bildung einer kontextspezifischen Auswahlstrategie.[220] Wenn Konsumenten Auswahlentscheidungen als Problemlösungen in bestimmten Situationen treffen, so bilden sie keine Präferenzen. Während sie bei der Bildung von Präferenzen alle Leistungseigenschaften bewerten und dadurch stabile Präferenzen formen, so wenden sie bei präferenzlosen Auswahlentscheidungen nur kontextspezifische Strategien an, ohne sich wirklich mit schwierigen Bewertungen zu beschäftigen. Die Bildung von solchen kontextspezifischen Auswahlentscheidungen erzeugt eine höhere Präferenzunsicherheit und zudem erhöht sie die Tendenz einer Entscheidungsverschiebung. Die Erkenntnis dabei ist, dass die Entscheidungsbildung des Konsumenten wesentlich vom Kontext und nicht vom Wert einzelner Produkteigenschaften beeinflusst wird.[221] Demnach sollten Anbieter, neben der Nutzung von geeigneten Maßnahmen, versuchen Situationen zu schaffen, die die Präferenzbildung unterstützen. Schließlich ist festzuhalten, dass Präferenzen einen wesentlichen Einfluss auf den Overload-Effekt haben, weshalb sie als weiterer Moderator angesehen werden können.

Zusammenfassend kann gefolgert werden, dass die Art des Sortiments, der Optimierungswille des Konsumenten, die Höhe des Rechtfertigungsdrangs sowie die Existenz bzw. der Mangel an Präferenzen die Intensität des Overload-Effektes beeinflussen können, weshalb diese Punkte als Moderatoren von Overload bezeichnet werden.

---

[218] Vgl. Chernev, Alexander (2003), S. 178.

[219] Vgl. Dhar, Ravi (1997), S.215.

[220] Vgl. Amir, On/Levav, Jonathan (2008), S. 145f.

[221] Vgl. ebenda, S. 155f.

4 Maßnahmen zur Reduktion von Overload

Das vorangehende Kapitel hat die positiven und negativen Auswirkungen gestiegener Entscheidungsmöglichkeiten dargestellt. Auch wenn Vorteile mit gestiegenen Produktsortimenten einhergehen, so machen die Nachteile in Form von Overload ein Handeln auf Unternehmensseite notwendig. Die hohe Anzahl von Alternativen, denen die Konsumenten in alltäglichen Situationen begegnen, überfordern die Konsumenten.[222] Das Treffen von Entscheidungen ist schwierig und mühsam und führt zur Reduktion von Selbstkontrolle.[223] Selbst triviale Entscheidungen zwischen mehreren Alternativen haben eine demotivierende Wirkung auf den Konsumenten, vor allem wenn die Kosten einer falschen Entscheidung hervorstechen und es viel Zeit und Aufwand kosten würde die verschiedenen Alternativen zu vergleichen.[224] Daher kann das Fällen einer Entscheidung unter mehreren Alternativen zu einer beängstigenden und abschreckenden Aufgabe für den Konsumenten werden.[225] Infolgedessen ist der Konsument frustriert und unzufrieden mit seiner getroffenen Entscheidung.[226] Diese Enttäuschung und die Unzufriedenheit des Konsumenten, die unter anderem durch das gesteigerte Gefühl von Verantwortung entsteht, führen zu weniger Entscheidungsbereitschaft,[227] d. h. zu einer verringerten Motivation des Konsumenten ein Produkt zu kaufen.[228] Hier wird deutlich, dass Konsumenten durchaus die Möglichkeit besitzen keine Entscheidung zu treffen, was die Verantwortungsübernahme und somit auch das mögliche Bereuen der Entscheidung verhindert.[229] Der Overload-Effekt hat daher sowohl für Konsumenten, in Form von Überforderung und negativen Emotionen, als auch für die Anbieter verheerende Folgen, da er die Zahl an Kaufentscheidungen und somit auch den Umsatz minimiert. Dies widerspricht offensichtlich dem wirtschaftlichen Interesse der Anbieter. Da der Overload dazu führt, dass Konsumenten ihre Entscheidung verschieben, müssen als logische Konsequenz Maßnahmen entwickelt werden, die dazu in der Lage sind den Overload-Effekt zu reduzieren. Eine naheliegende Idee ist die Reduzierung des Sortiments, was als 'Downsizing' bezeichnet wird. Tatsächlich gibt es einige Studien, die die Wirk-

---

[222] Vgl. Iyengar, Sheena S./Lepper, Mark R. (2000), S. 996; Vgl. Schwartz, Barry (2004), S. 2.

[223] Vgl. Vohs, Kathleen D. et al. (2008), S. 895.

[224] Vgl. Iyengar, Sheena S./Lepper, Mark R. (2000), S. 1004; Vgl. Schwartz, Barry (2004), S. 74.

[225] Vgl. Scheibehenne, Benjamin/Greifeneder, Rainer/Todd, Peter M. (2009), S. 230.

[226] Vgl. Iyengar, Sheena S./Lepper, Mark R. (2000), S. 1003.

[227] Vgl. Iyengar, Sheena S./Huberman, Gur/Jiang, Wei (2004), S. 86.

[228] Vgl. Iyengar, Sheena S./Lepper, Mark R. (2000), S. 997.

[229] Vgl. Dhar, Ravi (1997), S. 215f.

samkeit einer solchen Maßnahme bestätigen.[230] Darüber hinaus gibt es positive Beispiele aus der Praxis, die für eine Reduktion des Angebots sprechen. *Apple* reduzierte die Anzahl von *Macintosh* Computern,[231] *Proctor & Gamble* konnte durch eine Sortimentsreduktion die Nachfrage und somit den Umsatz steigern[232] und *Aldi* erzielt Wettbewerbsvorteile durch das Angebot eines begrenzten Sortiments.[233] Dennoch gibt es auch zahlreiche Studien, die die Wirksamkeit der Downsizing-Methode widerlegen.[234] Da große Sortimente auch positive Auswirkungen mit sich bringen, soll in der empirischen Untersuchung der vorliegenden Arbeit auf eine Verwendung der Downsizing-Maßnahme verzichtet werden. Der Fokus liegt im Folgenden vielmehr auf Maßnahmen, die dazu geeignet sind den Overload-Effekt zu reduzieren und dabei gleichzeitig die positiven Auswirkungen von gestiegenen Entscheidungsmöglichkeiten beizubehalten.

4.1 Kategorisierung

Eine Maßnahme zur Reduktion von Overload ist die Kategorisierung. **Scheibehenne/Greifeneder/Todd** sehen eine fehlende Kategorisierung als zusätzlichen Faktor, der zur Entstehung von Overload beitragen kann.[235] Händler, die weiterhin eine Fülle an Alternativen anbieten wollen, um die Vorteile großer Sortimente beizubehalten, können die Einteilung in mehrere Kategorien in Erwägung ziehen und dadurch die Nachteile in Form des Overload-Effektes verhindern.[236] Konsumenten tendieren eher dazu ihre Entscheidung zu verschieben, wenn sich die angebotenen Alternativen bezüglich ihrer Attraktivität kaum unterscheiden.[237] Das bedeutet, dass die Konsumenten ein vielfältiges Angebot bevorzugen, in welchem sich die Alternativen voneinander unterscheiden. Die Wahrnehmung eines vielfältigen Angebots hängt aber nicht notwendigerweise von der Anzahl an Produkten ab. Allein die Darstellung von Kategorien kann schon als ein Hinweis dienen, der beim Konsumenten zu einer Wahrnehmung von Vielfalt

---

[230] Vgl. Briesch, Richard A./Chintagunta, Pradepp K./Fox, Edward J. (2009), S. 188; Vgl. Boatwright, Peter/Nunes, Joseph C. (2001), S. 50; Vgl. Broniarczyk, Susan M./Hoyer, Wayne D./McAlister, Leigh (1998), S. 168.

[231] Vgl. Dhar, Ravi (1997), S. 230.

[232] Vgl. Gourville, John T./Soman, Dilip (2005), S. 394.

[233] Vgl. Oppewal, Harmen/Koelemeijer, Kitty (2005), S. 45.

[234] Vgl. Drèze, Xavier/Hoch, Stephen J./Purk, Mary E. (1994), S. 301; Vgl. Sloot, Laurens M./Fok, Dennis/Verhoef, Peter C. (2006), S. 547; Vgl. Borle, Sharad et al. (2005), S. 620.

[235] Vgl. Scheibehenne, Benjamin/Greifeneder, Rainer/Todd, Peter M. (2010), S. 419.

[236] Vgl. Iyengar, Sheena S./Huberman, Gur/Jiang, Wei (2004), S. 92.

[237] Vgl. Dhar, Ravi (1997), S. 215.

führt.[238] Die Autoren **Mogilner/Rudnick/Iyengar** sprechen dabei von dem 'mere categorization effect'. Durch die bloße Anwesenheit von Kategorien entsteht beim Konsumenten ein erhöhtes Gefühl von Selbstbestimmung, was wiederum zur Entstehung einer erhöhten Zufriedenheit des Konsumenten beiträgt.[239] Auch **Dhar** stellt im Hinblick auf die Wahrnehmung von Vielfalt fest, dass die tatsächliche Anzahl an Produkten weniger eine Rolle spielt als die Anzahl der Eigenschaftsunterschiede.[240] Alternativen innerhalb einer Kategorie werden im Bezug auf ihre Eigenschaften als gleichwertig angesehen, wohingegen Alternativen unterschiedlicher Kategorien als ungleich wahrgenommen werden. Eine Darbietung der Produkte in Form von Kategorien erzeugt daher beim Konsumenten den Eindruck von Vielfalt.[241] Auch die Art der Produktdarbietung innerhalb einer Kategorie hat einen Einfluss darauf, ob Konsumenten die Produkte als nahezu identisch ansehen oder nicht. **Mishra** weist diese These anhand von drei Experimenten nach. Die Ergebnisse zeigen, wenn zwei Kategorien die gleiche Wahrscheinlichkeit auf einen Erfolg, wie bspw. den Gewinn eines Geschenkgutscheins haben, so wählen Konsumenten eher ein Produkt aus der Kategorie, die geordnet und symmetrisch erscheint und in der die Produkte nahe aneinander stehen. Haben die zwei Kategorien jedoch die gleiche Wahrscheinlichkeit auf einen Misserfolg, z. B. die Wahl eines defekten Gerätes, so wählen die Konsumenten eher ein Produkt aus der Kategorie, die ungeordnet und unsymmetrisch erscheint. Der Grund liegt darin, dass die Konsumenten im Falle eines Erfolgs der geordneten Kategorie eine höhere Wahrscheinlichkeit zuweisen, dass sie das Erfolgsprodukt beinhaltet. Ebenso weisen sie der geordneten Kategorie eine höhere Wahrscheinlichkeit zu, dass sie zum Misserfolg führt, weshalb sie in diesem Fall die ungeordnete Kategorie wählen. Eigentlich sollten die Konsumenten aufgrund der gleichen Wahrscheinlichkeiten indifferent zwischen den Kategorien sein. Dennoch nutzen die Konsumenten den nichtinformativen Faktor der Gruppierung als Entscheidungshilfe. Je näher die Produkte zusammenstehen, desto eher glauben Konsumenten, dass sie die gleichen Eigenschaften und somit auch die gleiche Qualität besitzen.[242] Es gilt demnach festzuhalten, dass auch der Darstellungsart der Kategorien Aufmerksamkeit geschenkt werden sollte. Allgemein kann gefolgert werden, dass die Anzahl der Kategorien, die ein Sortiment aufteilen, dazu führt, dass Konsumenten zufriedener mit der von ihnen gewählten Alternative sind, sogar wenn die Kategorien keine Informationen über die Produkte enthalten. Eine größere Anzahl von Kategorien

---

[238] Vgl. Mogilner, Cassie/Rudnick, Tamar/Iyengar, Sheena S. (2008), S. 203.

[239] Vgl. Mogilner, Cassie/Rudnick, Tamar/Iyengar, Sheena S. (2008), S. 202f.

[240] Vgl. Dhar, Ravi (1997), S. 215.

[241] Vgl. Mogilner, Cassie/Rudnick, Tamar/Iyengar, Sheena S. (2008), S. 203.

[242] Vgl. Mishra, Arul (2009), S. 73ff.

erhöht die Wahrnehmung der Konsumenten in Bezug auf die Vielfalt des Sortiments, was das Gefühl von Selbstbestimmung erhöht. Dies steigert wiederum die Zufriedenheit der Konsumenten. Allerdings kann dieser Effekt nur für Konsumenten nachgewiesen werden, die über keine zuvor gebildeten Präferenzen verfügen.[243] Da Konsumenten mit bereits zuvor gebildeten Präferenzen ohnehin weniger anfällig für Overload sind,[244] ist im Bezug auf diesen Sachverhalt bei der Anwendung der Kategorisierungsmaßnahme keine gesonderte Rücksichtnahme erforderlich. Der diskutierte Effekt beruht auf der Wahrnehmung der Konsumenten und nicht auf einem informationsbasierten kognitiven Prozess,[245] weshalb er in der Lage ist Overload zu reduzieren.[246] Diesbezüglich führten die Autoren **Mogilner/Rudnick/Iyengar** eine weitere Studie durch, in der Teilnehmer unter verschiedenen Kaffesorten wählen sollten. Die Ergebnisse zeigen zum einen, dass Teilnehmer die zwischen 50 Kaffeesorten wählen, weniger zufrieden mit ihrer Wahl sind als diejenigen, die zwischen lediglich fünf Sorten wählen sollten. Dies kann als Nachweis für den Overload-Effekt gesehen werden. Zum anderen zeigt sich, dass eine Einteilung in Kategorien, auch ohne Informationsgehalt bezüglich der Sorten, den Overload-Effekt verringern kann.[247] Somit bleiben bei der Methode der Kategorisierung die Vorteile von großen Sortimenten erhalten und gleichzeitig wird der Overload verringert.

4.2 Sequentielle Darbietung

Die sequentielle Darbietung stellt eine weitere Maßnahme zur Reduktion von Overload dar. Bei dieser Methode werden große Entscheidungsprobleme in eine Reihe kleinerer Probleme zerlegt, wodurch das Problem sequentiell angegangen wird. Schrittweise werden einige Alternativen aus der Betrachtung ausgeschlossen, bis der Entscheider die favorisierte Alternative gefunden hat.[248] Die Aufteilung von Kategorien auf verschiedene Bereiche des Supermarktes bzw. auf mehrere Gänge erzeugt die Wahrnehmung eines reduzierten Angebots innerhalb der Kategorie, was zur Reduktion von Overload führt. Gleichzeitig wird dabei die Wahrnehmung des Konsumenten bezüglich eines großen Sortiments erhalten. Der Konsument profitiert somit von den Vorteilen großer Sortimente wie z. B. der

---

[243] Vgl. Mogilner, Cassie/Rudnick, Tamar/Iyengar, Sheena S. (2008), S. 210.

[244] Vgl. Chernev, Alexander (2003), S. 178.

[245] Vgl. Mogilner, Cassie/Rudnick, Tamar/Iyengar, Sheena S. (2008), S. 203.

[246] Vgl. ebenda, S. 211.

[247] Vgl. ebenda.

[248] Vgl. Besedes, Tibor et al. (2012), S. 1.

Autonomie, der Vielfalt und der Präferenzübereinstimmung, ohne mit den negativen Auswirkungen des Overload-Effektes konfrontiert zu werden.[249] Auch Entscheidungsträger in Unternehmen, wie z. B. Human Resource Manager nutzen die vorteilhafte Methode der sequentiellen Bewertung von Alternativen. Sie folgen einer schrittweisen Bewertung der Jobkandidaten, um einer kognitiven Überlastung zu entgehen.[250] **Wang et al.** stellen fest, dass die Reihenfolge, in welcher Produkte mit bestimmten Eigenschaften angeboten werden, einen wesentlichen Einfluss auf die Kaufentscheidung haben kann. Dies ist bspw. der Fall, wenn eine Entscheidung einer anderen folgt, die bereits Zielkonflikte beinhaltet hat. Dann tendieren Konsumenten dazu, Produkte aufgrund ihrer hedonistischen anstatt ihrer tugendhaften Eigenschaften zu wählen. Hedonistische Eigenschaften, wie z. B. die Geschwindigkeit eines Autos, bereiten dem Konsumenten Spaß. Tugendhafte Eigenschaften können bspw. die Umweltfreundlichkeit oder die Sicherheit eines Autos sein. Im Gegensatz dazu, lassen sich Konsumenten bei ihrer Entscheidung eher von tugendhaften Eigenschaften lenken, wenn sie noch keine Zielkonflikte lösen mussten. Für Verkäufer implizieren diese Ergebnisse, dass sie die tugendhaften Eigenschaften zu Beginn und die hedonistischen Eigenschaften eher gegen Ende der Verhandlungen anführen sollten.[251] In einer Studie testen **Besedes et al.** die sequentielle Entscheidungsfindung anhand von zwei Verfahren. Die Probanden erhalten aus 16 Alternativen vier Alternativen, aus denen sie die beste auswählen sollen. Im ersten Verfahren, der sequentiellen Eliminierung, kommen solange drei neue Alternativen hinzu bis die beste Alternative unter den 16 gefunden ist. Die Teilnehmer haben demnach fünf Runden zu absolvieren. Im zweiten Verfahren, dem sequentiellen Turnier, wählen die Probanden jeweils die beste Alternative unter den vier Alternativen. Die vier verbleibenden Alternativen kommen in eine Endrunde. Somit beinhaltet auch das zweite Verfahren fünf Runden.[252] Die Ergebnisse zeigen, dass die intuitive und üblich verwendete sequentielle Eliminierung nicht besonders vorteilhaft ist, da es zu einer Tendenz zum Status Quo kommt. Dies bedeutet, dass die Teilnehmer eine zu Beginn gewählte Alternative behalten wollen und deswegen den anderen Alternativen, die sie in den Folgerunden bewerten sollen, einen niedrigeren Wert beimessen.[253] Auch andere Studien bestätigen, dass Menschen bei der Entscheidung zwischen mehreren Alternativen dazu tendieren den Status Quo beizubehalten.[254] Ein Konsument würde demnach

---

[249] Vgl. Oppewal, Harmen/Koelemeijer, Kitty (2005), S. 58f.

[250] Vgl. Stroh, Linda K./Northcraft, Gregory B./Neale, Margaret Ann (2002), S. 94.

[251] Vgl. Wang, Jing et al. (2010), S. 918.

[252] Vgl. Besedes, Tibor et al. (2012), S. 2.

[253] Vgl. ebenda, S. 19.

[254] Vgl. Samuelson, William/Zeckhauser, Richard (1988), S. 47.

dazu tendieren, das ausgewählte Produkt, das sich bereits in seinem Einkaufswagen befindet, zu behalten, auch wenn im nächsten Gang objektiv gesehen bessere Alternativen verfügbar wären. Die zweite Methode des sequentiellen Turniers kann dagegen die Qualität der Entscheidungsfindung tatsächlich steigern.[255] Allerdings gilt es anzumerken, dass diese Art der Entscheidungsfindung für Händler nicht ohne Weiteres durchführbar ist. Während Online-Händler durch die technische Unterstützung in der Lage wären, eine solche Methode anzuwenden, bedarf es für Verkäufer mit direktem Kundenkontakt weiterer Hilfsmittel. Eine Möglichkeit wäre die Anwendung der freien Bevormundung, in der dem Konsumenten erst auf Anfragen weitere Alternativen angeboten werden.[256] So könnten sich Konsumenten durch die Unterstützung des Verkäufers schrittweise durch das Sortiment arbeiten. Als Beispiel kann die Beratung eines Konsumenten beim Kauf eines Anzugs genannt werden. Der modische Berater zeigt dem Kunden nach und nach Gruppierungen von Alternativen (bspw. blaue, schwarze und graue Anzüge), aus denen der Kunde jeweils die favorisierte Alternative wählt. Schließlich folgt die Endrunde, in der der Konsument unter den präferierten Alternativen, die für ihn beste auswählt. Daraus resultiert ein hohe Qualität der Entscheidungsfindung. Obwohl die intuitive und üblich verwendete sequentielle Eliminierung im Hinblick auf die Qualität der Entscheidung nicht besonders vorteilhaft ist,[257] ist sie dennoch dazu geeignet, unter Beibehaltung der Vorteile großer Sortimente, eine Wahrnehmung eines reduzierten Angebots zu erzeugen, was zur Reduktion von Overload führt.[258]

4.3 Rückgaberecht

Die erste Reaktion von Konsumenten bei Unzufriedenheit mit ihrer Entscheidung ist der Versuch das Ergebnis zu ändern.[259] Studien beweisen, dass Menschen eine Möglichkeit der Entscheidungsänderung bevorzugen,[260] weshalb das Rückgaberecht als eine vielversprechende Methode angesehen werden kann. Anbieter reagieren zunehmend auf den Wunsch der Konsumenten nach einem Rückgaberecht. Viele Händler bieten bspw. ein 14-tägiges Umtauschrecht an, obwohl dieses gesetzlich nur für Fernabsatzgeschäfte, also Internet- und Versandhandel vorge-

---

[255] Vgl. Besedes, Tibor et al. (2012), S. 19.

[256] Vgl. Thaler, Richard H./Sunstein, Cass R. (2003), S. 179; Vgl. Iyengar, Sheena S./Jiang, Wei (2005), S. 40.

[257] Vgl. Besedes, Tibor et al. (2012), S. 19.

[258] Vgl. Oppewal, Harmen/Koelemeijer, Kitty (2005), S. 58f.

[259] Vgl. Gilbert, Daniel T./Ebert, Jane E. J. (2002), S. 504.

[260] Vgl. ebenda, S. 511.

schrieben ist.[261] Für solche Fernabsatzgeschäfte ergeben sich einige Besonderheiten. Zunächst ist der Kaufentscheidungsprozess in zwei Entscheidungen unterteilt: Die Entscheidung ein Produkt zu bestellen und nach dem Erhalt der Ware die Entscheidung das Produkt zu behalten oder zurückzuschicken. Zwischen diesen Entscheidungen liegt eine gewisse Zeitspanne, in welcher der Konsument auf bessere Produkte stoßen könnte. Daher würde es dem Konsumenten ohne ein Rückgaberecht sehr schwer fallen eine Bestellung zu tätigen. Des Weiteren hat der Konsument erst beim Erhalt der Ware die Möglichkeit diese zu begutachten.[262] Deshalb bieten zahlreiche Online-Versandhändler eine Rückgabefrist, die weit über die gesetzliche Widerrufsfrist von 14 Tagen hinaus geht.[263] Der Online-Schuhhändler *Zalando* bietet seinen Kunden bspw. ein 100-tägiges Rückgaberecht.[264] Es wird ersichtlich, dass Konsumenten dem Rückgaberecht einen hohen Wert beimessen. Dazu zählen Faktoren wie die Rückgabefrist, die Tatsache, ob das Produkt anstandslos zurückgenommen wird oder eine Reihe von Fragen gestellt werden, ob der Kunde im Austausch Geld oder einen Gutschein erhält und ob er reduzierte Produkte umtauschen kann.[265] Die Nichtänderbarkeit der Entscheidung ist in einem so hohem Maße unerwünscht, dass Konsumenten dafür bezahlen ein Recht auf Änderung zu haben. Demnach kaufen sie eher in teureren Geschäften ein, die ein Rückgaberecht anbieten, als in günstigeren Discountern, die dieses Recht nicht anbieten. Ein Auto-Leasing-Vertrag ist ebenfalls ein Beispiel, bei dem der Konsument bereit ist einen Aufpreis zu bezahlen, um die Möglichkeit einer späteren Entscheidungsänderung zu erhalten. Der Aufpreis bietet dem Konsumenten die Chance das Auto zu testen und somit Informationen über das Ergebnis seiner Entscheidung zu sammeln.[266] Das Rückgaberecht reduziert daher die Kosten einer schlechten Entscheidung und bietet dem Konsumenten Flexibilität in seiner Entscheidungsfindung. Deshalb kaufen Konsumenten häufig bei dem Anbieter, der ihnen bessere Rückgabe-Bedingungen bietet.[267] Viele Konsumenten lehnen es bspw. ab reduzierte Ware zu kaufen, wenn sie diese später nicht zurückgeben können und bezahlen stattdessen eher den vollen Preis.[268] Das Rückgaberecht verringert die Erwartung die Entscheidung später zu bereuen.[269] Darüber hinaus

---

[261] Vgl. Stiftung Warentest (2007), o. S.

[262] Vgl. Wood, Stacey L. (2001), S. 158.

[263] Vgl. eRecht24 (o. J.), o. S.

[264] Vgl. Zalando (o. J.), o. S.

[265] Vgl. Wood, Stacey L. (2001), S. 157.

[266] Vgl. Gilbert, Daniel T./Ebert, Jane E. J. (2002), S. 504.s

[267] Vgl. Wood, Stacey L. (2001), S. 158.

[268] Vgl. Schwartz, Barry (2004), S. 144.

[269] Vgl. Gourville, John T./Soman, Dilip (2005), S. 393.

werden Zielkonflikte als weniger problematisch angesehen.[270] Dies zeigt, dass es sich beim Rückgaberecht um eine effektive Methode handelt, die den Overload verhindern kann. Dennoch zeigen sich Manager und Händler bezüglich einer Rückgabepolitik oft skeptisch. Dies hängt damit zusammen, dass die Implementierung einer Rückgabepolitik nicht nur hohe Kosten verursacht, sondern auch das Risiko des Missbrauchs durch den Konsumenten mit sich bringen kann.[271] Dagegen ist jedoch einzuwenden, dass Unternehmen ohne Probleme ein Rückgaberecht anbieten können, da Konsumenten dazu tendieren die Produkte, die sie bereits besitzen, nicht mehr wegzugeben, da dies für sie einen Verlust bedeuten würde.[272] Dieser Sachverhalt wird als 'endowment effect' bezeichnet. Der Endowment-Effekt geht davon aus, dass der Wert, den ein Konsument einem Produkt beimisst, erheblich ansteigt, sobald ihm das Produkt gehört.[273] Frühe Untersuchungen zeigen bereits, dass Konsumenten versuchen die ausgewählte Alternative als wünschenswerter anzusehen und die nicht gewählten Alternativen als weniger wünschenswert.[274] Der Besitz eines Produktes lässt es folglich besser werden als es objektiv ist. So schmeckt ein Apfel, den der Konsument selbst gekauft hat, subjektiv gesehen sogar süßer als wenn er ihn nur probiert hätte.[275] Bei Produkten, bei denen es keinen Sinn macht sie umzutauschen, wie bspw. Lebensmittel, kann ein Leistungsversprechen den selben Zweck erfüllen, wie das Rückgaberecht. *Kaufland* ist ein Beispiel für einen Lebensmittelhändler, der eine Zufriedenheitsgarantie anbietet. Das bedeutet, dass Konsumenten, die mit einem Produkt unzufrieden sind, ihr Geld zurück erhalten. Solche Geld-zurück-Garantien sind äußerst effektiv, da sie den Konsumenten glaubwürdige Informationen bezüglich der Qualität eines Produktes liefern.[276] Konsumenten nutzen das Rückgaberecht demnach auch als Indikator für die hohe Qualität eines Produkts. Dabei gilt es anzumerken, dass die Gefahr besteht, dass Verkäufer diesen Umstand ausnutzen und durch ein Rückgaberecht eine hohe Qualität signalisieren, obwohl ihr Produkt nur von geringer Qualität ist.[277] Zusammenfassend kann dennoch festgehalten werden, dass die Maßnahme des Rückgaberechts durch die Verringerung des Bereuens und der Zielkonfliktproblematik durchaus in der Lage ist Overload zu reduzieren.[278]

---

[270] Vgl. Schwartz, Barry (2004), S. 144.

[271] Vgl. Wood, Stacey L. (2001), S. 157.

[272] Vgl. Schwartz, Barry (2004), S. 71.

[273] Vgl. Kahnemann, Daniel/Knetsch, Jack L./Thaler, Richard H. (1990), S. 1342.

[274] Vgl. Brehm, Jack W. (1956), S. 389.

[275] Vgl. Gilbert, Daniel T./Ebert, Jane E. J. (2002), S. 511.

[276] Vgl. Moorthy, Sridhar/Srinivasan, Kannan (1995), S. 463.

[277] Vgl. Wood, Stacey L. (2001), S. 168.

[278] Vgl. Gourville, John T./Soman, Dilip (2005), S. 393; Vgl. Schwartz, Barry (2004), S. 144.

4.4 Informationsbereitstellung

Eine weitere Maßnahme, um den Overload zu verhindern, ist die Versorgung der Konsumenten mit geeigneten Informationen. Eine übermäßige Bereitstellung von Informationen führt dazu, dass der Konsument mit den negativen Effekten gestiegener Entscheidungsmöglichkeiten in Form von Overload konfrontiert wird und infolgedessen keine Entscheidung mehr treffen möchte.[279] Daher sollte generell darauf geachtet werden, dass der Konsument nicht mit zu viel Informationen konfrontiert wird. Bei der Maßnahme der Informationsbereitstellung geht es deshalb auch vielmehr um die Art und Weise, wie der Konsument mit Informationen versorgt wird.

Die Informationssuche von Konsumenten wird unvollständiger, selektiver und eigenschaftsbasierter, wenn die Anzahl an verfügbaren Alternativen steigt.[280] Deshalb ist, vor allem bei der Existenz großer Sortimente, eine eigenschaftsbasierte Informationsdarstellung der bloßen Darstellung zahlreicher Alternativen vorzuziehen. Die eigenschaftsbasierte Informationsdarstellung verringert die Komplexität des Entscheidungsprozesses und die Unsicherheit im Bezug auf das Wissen um Alternativen. Zudem steigert sie die Zufriedenheit mit dem Entscheidungsprozess und führt deshalb eher zu einer Kaufentscheidung als die Darstellung der Informationen durch die wahllose Gegenüberstellung vieler Alternativen.[281] Unternehmen sollten ihre Mitarbeiter deshalb dahingehend ausbilden, dass sie die Präferenzen der Konsumenten bezüglich der Eigenschaften abfragen, anstatt lediglich die vorhandenen Eigenschaften der Produkte aufzuzählen. Konsumenten sollten jedoch nicht dazu gezwungen werden ein Urteil über die relative Wichtigkeit der Eigenschaften abzugeben, da dies wiederum einen komplexeren Prozess darstellen würde, der zu Unzufriedenheit führen kann.[282] Ein weiterer wichtiger Punkt ist das Vorwissen bzw. die Erfahrung von Konsumenten. Besitzt ein Konsument vor dem Entscheidungsprozess ein bestimmtes Vorwissen, dann nimmt er innerhalb des großen Sortiments nur noch eine begrenzte Anzahl von Alternativen wahr, auf deren Basis er seine Entscheidung trifft.[283] Zudem bewältigen Konsumenten mit höherem Produktwissen die Aufgabe der relativen Eigenschaftsbeurteilung leichter, da sie eher wissen, welche Eigenschaften ihnen wichtig sind und welche Pro-

---

[279] Vgl. Iyengar, Sheena S./Huberman, Gur/Jiang, Wei (2004), S. 84.

[280] Vgl. Chernev, Alexander (2003), S. 181.

[281] Vgl. Huffman, Cynthia/Kahn, Barbara E. (1998), S. 503.

[282] Vgl. ebenda, S. 507.

[283] Vgl. Iyengar, Sheena S./Lepper, Mark R. (2000), S. 1004.

dukte die favorisierten Eigenschaften besitzen.[284] Ein solches Vorwissen kann durch eine geeignete Informationsbereitstellung wie bspw. Werbung oder die direkte Kommunikation durch den Verkäufer erzeugt werden. Das Ziel dieser Maßnahme ist es die Produktkenntnis der Konsumenten zu erhöhen, da die bereits vor der Entscheidung definierten Präferenzen eine Reduktion von Overload herbeiführen können. Sogar der gegenteilige Effekt, dass Konsumenten mit zuvor gebildeten Präferenzen große Sortimente bevorzugen, kann nachgewiesen werden.[285] Im Rahmen von Werbemaßnahmen können die Konzepte 'Priming' und 'Framing' eingesetzt werden. Dadurch ist es möglich die Urteilsbildung des Konsumenten wesentlich zu beeinflussen. Eine überwiegende Berichterstattung hinsichtlich eines Produktes macht es möglich, dieses aus der Vielzahl von Produkten im Gedächtnis des Konsumenten hervorzuheben. Dabei handelt es sich um Priming.[286] Zudem kann das Weglassen oder die Hervorhebung von bestimmten Aspekten die Urteilsbildung ebenfalls beeinflussen. Hierbei handelt es sich um Framing.[287] Dadurch werden vordefinierte Präferenzen beim Konsumenten geschaffen, wodurch der Overload-Effekt minimiert werden kann. Eine weitere Möglichkeit bietet sich Anbietern durch den Vergleich zwischen unterlegenen Alternativen mit einer dominanten Alternative, die aus dem Sortiment hervorsticht. Wie bereits dargelegt wurde, ist die Tendenz von Konsumenten die Entscheidung zu verschieben wesentlich höher, wenn sich die Alternativen bezüglich ihrer Attraktivität kaum voneinander unterscheiden.[288] Diese Tatsache können sich Anbieter zu Nutze machen, indem sie eine dominante Alternative bewerben. Ein sofortiger Preisnachlass für ein Produkt kann in einer Entscheidungssituation bspw. dazu führen, dass der Konsument dieses Produkt attraktiver findet als die Konkurrenzprodukte. Diese Art der Informationsbereitstellung vereinfacht den Entscheidungsprozess für den Konsumenten erheblich.[289] Die wichtige Erkenntnis für Unternehmen ist, dass die Entscheidungsbildung des Konsumenten von einer kritischen Variable beeinflusst wird, nämlich der Situation in der die Entscheidung getroffen wird und nicht vom tatsächlichen Wert bestimmter Produkteigenschaften.[290] Deshalb ist es wichtig, den Konsumenten durch eine vereinfachte Informationsbereitstellung durch den Entscheidungsprozess zu leiten und dadurch den

---

[284] Vgl. Huffman, Cynthia/Kahn, Barbara E. (1998), S 508; Vgl. Brucks, Merrie (1985), S. 3; Vgl. Hutchinson, J. Wesley/Alba, Joseph W. (1991), S. 326.

[285] Vgl. Scheibehenne, Benjamin/Greifeneder, Rainer/Todd, Peter M. (2010), S. 421.

[286] Vgl. Schenk, Michael (2002), S. 297.

[287] Vgl. ebenda, S. 299.

[288] Vgl. Dhar, Ravi (1997), S. 215.

[289] Vgl. ebenda, S. 229f.

[290] Vgl. Amir, On/Levav, Jonathan (2008), S. 156.

kognitiven Aufwand zu minimieren.[291] Wird dem Konsumenten darüber hinaus der Druck genommen eine Entscheidung treffen zu müssen, so steigt die Absicht des Konsumenten eine Entscheidungen zu treffen.[292]

Es wurde gezeigt, dass neben einer Vermeidung von zu viel Informationen, die Art und Weise wie dem Konsumenten Informationen bereitgestellt werden, einen positiven Einfluss auf den Entscheidungsprozess des Konsumenten haben kann. Eine geeignete Informationsdarstellung kann somit zu einer Reduktion von Over-load beitragen.

4.5 Rezensionen

Rezensionen stellen ebenfalls eine Hilfsmaßnahme dar, die dazu in der Lage ist, den Overload zu reduzieren bzw. zu verhindern. Rezensionen bezeichnen durch "Fachleute" erzeugte Produktbewertungen, meistens in Form eines Fünf-Sterne-Systems mit Kommentaren, die auf der Seite des Unternehmens oder von Drittanbietern veröffentlicht werden.[293] Mit dem Begriff Fachleute sind Konsumenten gemeint, die bereits Erfahrungen mit dem jeweiligen Produkt gesammelt haben. Als wohl prominentestes Beispiel für ein Unternehmen, das Rezensionen verwendet, ist *Amazon* anzuführen. Solche Kundenrezensionen werden zusätzlich zu Produktbeschreibungen, Expertenempfehlungen und automatischen Empfehlungssystemen eingesetzt.[294] Eine Umfrage in den USA und Kanada zeigt, dass 85% der Konsumenten Online-Rezensionen lesen, bevor sie ihre alltäglichen Einkaufe tätigen. 73% der Befragten finden positive Rezensionen hilfreich, um Vertrauen zum Anbieter aufbauen zu können. Zudem lesen Konsumenten im Schnitt sechs Rezensionen bevor sie sich eine eigene Meinung bilden.[295] Untersuchungen beweisen sogar einen positiven Effekt von Rezensionen auf den Umsatz.[296] Die Rezensionen reduzieren dabei die Unsicherheit in Bezug auf Produkteigenschaften und steigern daher die Nachfrage und somit den Umsatz.[297] Konsumenten nutzen die Rezensionen zur Informationssuche und zur Bewertung von Alternativen,

---

[291] Vgl. Gourville, John T./Soman, Dilip (2005), S. 394.

[292] Vgl. Choi, Jinhee/Fishbach, Ayelet (2011), S. 553.

[293] Vgl. Mudambi, Susan M./Schuff, David (2010), S. 186.

[294] Vgl. ebenda, S. 185.

[295] Vgl. Anderson, Myles (2013), o. S.

[296] Vgl. Chevalier, Judith A./Mayzlin, Dina (2006), S. 354; Vgl. Clemons, Eric/Gao, Guodong/Hitt, Lorin (2006), S. 166; Vgl. Chen, Pei-Yu/Dhanasobhon, Samita/Smith, Michael D. (2008), S. 23.

[297] Vgl. Li, Xinxin/Hitt, Lorin M./Zhang, Z. John (2011), S. 9.

wodurch sie bessere Entscheidungen treffen.[298] Die Informationssuche sowie die Alternativenbewertung werden von der Art des Produkts beeinflusst. So haben Suchkäufe und Erfahrungskäufe unterschiedliche Informationsanforderungen.[299] Eine Studie von **Huang et al.** zeigt, dass eigenschaftsbasierte Rezensionen im Falle eines Suchkaufs und erfahrungsbezogene Rezensionen im Falle eines Erfahrungskaufs den Nutzen der Rezensionen erhöhen und den (subjektiv empfundenen) kognitiven Aufwand verringern.[300] Es wird deutlich, dass Rezensionen in der Lage sind Erfahrungseigenschaften zu übermitteln, weshalb sie oftmals auch als elektronische Mundpropaganda (eWOM) bezeichnet werden.[301] Hervorzuheben ist, dass Konsumenten eher auf Word-of-mouth (WOM) vertrauen, als auf Werbeinformationen,[302] Expertenratschläge[303] oder unabhängige Testberichte.[304] Obwohl Anbieterinformationen oftmals sogar nützlicher sind, werden Konsumentenbewertungen als viel glaubhafter und qualitativ hochwertiger angesehen.[305] Und je höher die Glaubwürdigkeit von Rezensionen, desto höher ist die Kaufwahrscheinlichkeit.[306] WOM hat einen starken Einfluss auf die Beurteilung von Produkten, weil die Informationen durch die persönliche Art und Weise der Aufnahme, zugänglicher und somit leichter abrufbar sind.[307] So lassen sich Konsumenten bspw. eher eine Werkstatt von Freunden empfehlen, als dass sie anderweitig nach Information suchen.[308] Die steigende Verbreitung von eWOM ändert die Art der Informationssuche, Alternativenbewertung und der Entscheidungsfindung.[309] *Asus*, *HTC* und *Hyundai* sind dabei nur einige Beispiele für Unternehmen, die ihren Erfolg unter anderem der veränderten Informationsaufnahme und -verarbeitung durch Online-Rezensionen zu verdanken haben.[310] Eine hilfreiche Rezension unterstützt den Konsumenten also in seinem Kaufentscheidungsprozess.[311] Qualitativ hochwertigere Rezensionen haben dabei einen größeren Einfluss auf den Ent-

---

[298] Vgl. Kohli, Rajiv/Devaraj, Sarv/Mahmood, M. Adam (2004), S. 117f.

[299] Vgl. Mudambi, Susan M./Schuff, David (2010), S. 196.

[300] Vgl. Huang, Liqiang et al. (2013), S. 311f.

[301] Vgl. Shen, Yingtao/Li, Shenyu/DeMoss, Michelle (2012), S. 19.

[302] Vgl. Simonson, Itamar/Rosen, Emanuel (2014), S. 24.

[303] Vgl. Li, Mengxiang et al. (2013), S. 117.

[304] Vgl. Schwartz, Barry (2004), S. 56f.

[305] Vgl. Benlian, Alexander/Titah, Ryad/Hess, Thomas (2012), S. 238.

[306] Vgl. Lee, Jumin/Park, Do-Hyung/Han, Ingoo (2011), S. 187.

[307] Vgl. Herr, Paul M./Kardes, Frank R./Kim, John (1991), S. 460.

[308] Vgl. Engel, James F./Blackwell, Roger D./Kegerreis, Robert J. (1969), S. 7.

[309] Vgl. Hartman, Katherine B./Hunt, James B./Childers, Carla Y. (2013), S. 8.

[310] Vgl. Simonson, Itamar/Rosen, Emanuel (2014), S. 23.

[311] Vgl. Mudambi, Susan M./Schuff, David (2010), S. 186.

scheidungsprozess als andere Rezensionen.[312] Eine Möglichkeit der Qualitätssteigerung ist die Einführung von Bewertungen der Rezensionen. Diese Bewertungen schaffen zusätzliches Vertrauen, da sie eine hilfreiche Rezension signalisieren und zudem die Manipulationsrate verringern.[313] Die Studie von **Hartman/Hunt/Childers** zeigt, dass ausschließlich positive und negative Rezensionen einen starken Einfluss auf das Verhalten haben. Gemischte Rezensionen haben dagegen kaum einen Einfluss.[314] Diese Ergebnisse verwundern nicht, denn während positive Rezensionen zum Kauf raten und negative Rezensionen davon abraten, geben gemischte Rezensionen keine klare Empfehlung. Die Untersuchungen von **Shen/Li/DeMoss** sowie von **Chevalier/Mayzlin** bestätigen diese These.[315] Es ist ersichtlich, dass den negativen Rezensionen besondere Beachtung geschenkt werden sollte. Anbietern kann geraten werden diese nicht einfach zu löschen, sondern vielmehr geeignete Aktionspläne bereitzuhalten, um schnellstmöglich darauf zu reagieren.[316] Positive Rezensionen erhöhen dagegen das Vertrauen in den Anbieter und in das Produkt,[317] führen zu Zufriedenheit und verringertem Bereuen sowie zu selbstbewussten Entscheidungen.[318] Rezensionen sind demnach dazu geeignet Overload zu verhindern. Allerdings sollten Anbieter darauf achten, dass sie ihren Konsumenten nicht willkürlich zahlreiche Rezensionen darbieten, da diese selbst wieder zu einer Überlastung führen könnten. Das Online-Reisebüro *HolidayCheck* umgeht dieses Problem, indem es eine zielgruppenspezifische Filterung der Bewertungen anbietet. So lässt sich bspw. nach Alter und Reiseart filtern, was zu einem immer spezifischeren Ergebnis führt.[319] Ein 25-jähriger Student kann Bewertungen von anderen Studenten in seinem Alter lesen und erhält somit schnellstmöglich die für ihn relevanten Informationen. Während die spezifische Vorauswahl dabei hilft die passenden Rezensionen zu finden, so helfen ihm die Rezensionen wiederum die passende Reise zu identifizieren.

Zusammenfassend kann festgehalten werden, dass die Kategorisierung, die sequentielle Darbietung, das Rückgaberecht, die Informationsbereitstellung und Rezensionen dazu geeignet sind den Overload-Effekt zu reduzieren.

---

[312] Vgl. Chen, Pei-Yu/Dhanasobhon, Samita/Smith, Michael D. (2008), S. 23.

[313] Vgl. ebenda, S. 24.

[314] Vgl. Hartman, Katherine B./Hunt, James B./Childers, Carla Y. (2013), S. 8.

[315] Vgl. Shen, Yingtao/Li, Shenyu/DeMoss, Michelle (2012), S. 26; Vgl. Chevalier, Judith A./Mayzlin, Dina (2006), S. 345.

[316] Vgl. Ozturkcan, Selcen/Gursoy, Gul (2014), S. 356.

[317] Vgl. ebenda.

[318] Vgl. Hartman, Katherine B./Hunt, James B./Childers, Carla Y. (2013), S. 8f.

[319] Vgl. HolidayCheck (o. J.), o. S.

5 Empirische Prüfung der theoretischen Erkenntnisse

In den vorangegangenen Kapiteln wurde gezeigt, dass gestiegene Entscheidungsmöglichkeiten sowohl positive als auch negative Auswirkungen haben können.
Zudem wurde dargestellt, durch welche Faktoren die Intensität dieser negativen
Auswirkungen, also des Overload-Effektes, beeinflusst werden können. Des Weiteren wurden Maßnahmen diskutiert, die dazu in der Lage sind, den Overload zu
verringern bzw. verhindern. Ziel dieses Kapitels ist es, die theoretisch gewonnenen Erkenntnisse empirisch zu prüfen und zu validieren. Das Hauptaugenmerk
liegt dabei auf der Forschungsfrage: "Gibt es Maßnahmen, die dazu geeignet sind
den Overload zu reduzieren und somit den Konsumenten bei seiner Kaufentscheidung zu unterstützen?" Die nachfolgende Abbildung gibt einen Überblick über die
theoretischen Erkenntnisse der vorliegenden Arbeit.

Abb. 9: Gesamtmodell theoretischer Erkenntnisse

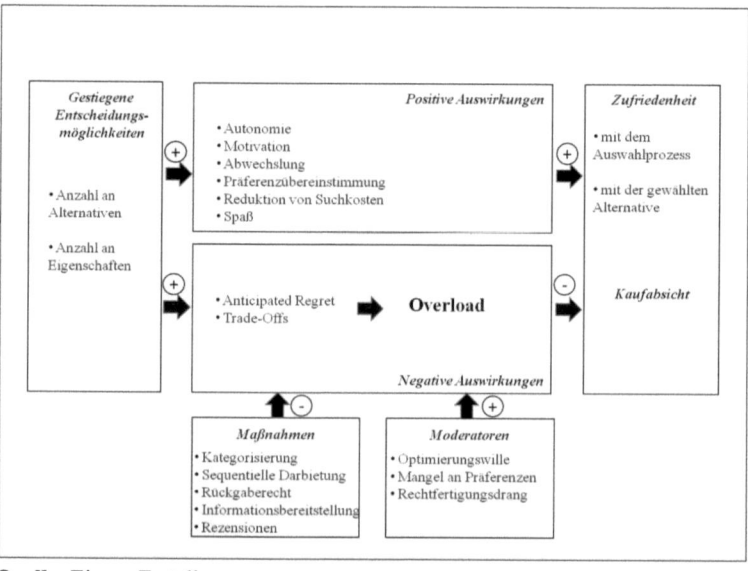

Quelle: Eigene Erstellung.

Die linke Seite der Abbildung bezeichnet den Ausgangspunkt: die gestiegenen
Entscheidungsmöglichkeiten. Diese werden hauptsächlich durch die Anzahl von
Alternativen aber auch durch die Anzahl von Eigenschaften der Alternativen be-
schrieben. Wie in Kapitel 3 dargelegt wurde, haben gestiegene Entscheidungs-

möglichkeiten positive und negative Auswirkungen, weshalb folgende Hypothesen aufgestellt werden können:

- ➤ **H1:** Eine steigende Anzahl an Entscheidungsmöglichkeiten hat sowohl positive als auch negative Auswirkungen.
- ➤ **H1a:** Je höher die Anzahl an Entscheidungsmöglichkeiten, desto höher die positiven Auswirkungen.
- ➤ **H1b:** Je höher die Anzahl an Entscheidungsmöglichkeiten, desto höher der Overload.

In der Mitte der Abbildung sind die positiven sowie die negativen Auswirkungen dargestellt. Zudem beinhaltet die Abbildung einen Zwischenschritt, der besagt, dass die gestiegenen Entscheidungsmöglichkeiten, als Hauptursache, ein erwartetes Bereuen sowie Zielkonflikte bzw. Trade-Offs generieren, die zum Overload führen (siehe Kapitel 3.2.2). Die rechte Seite bildet die Zufriedenheit des Konsumenten ab, die in Zufriedenheit mit dem Auswahlprozess und Zufriedenheit mit der gewählten Alternative zerlegt werden kann. Da die Zufriedenheit von den positiven Auswirkungen sowie dem Overload beeinflusst wird, ergeben sich folgende Hypothesen:

- ➤ **H2:** Die Höhe der Zufriedenheit wird von den positiven Auswirkungen sowie dem Overload beeinflusst.
- ➤ **H2a:** Je höher die positiven Auswirkungen, desto höher die Zufriedenheit.
- ➤ **H2b:** Je höher der Overload, desto niedriger die Zufriedenheit.

Zudem wird die Kaufabsicht des Konsumenten auf der rechten Seite abgebildet. Da auch sie durch die positiven Auswirkungen und den Overload beeinflusst wird, können folgende Hypothesen aufgestellt werden:

- ➤ **H3:** Die Kaufabsicht wird von den positiven Auswirkungen sowie dem Overload beeinflusst.
- ➤ **H3a:** Je höher die positiven Auswirkungen, desto höher die Kaufabsicht.
- ➤ **H3b:** Je höher der Overload, desto niedriger die Kaufabsicht.

Im unteren Teil des Modells werden links die Reduktionsmaßnahmen aufgeführt, welche dazu geeignet sind den Overload zu reduzieren. Da in der empirischen Untersuchung nicht alle Maßnahmen getestet werden können, beschränkt sich die Betrachtung auf die zwei vielversprechendsten Maßnahmen, Rezensionen und Rückgaberecht. Hieraus ergeben sich folgende Hypothesen:

- ➤ **H4:** Die Reduktionsmaßnahmen reduzieren den Overload.
- ➤ **H4a:** Die Hilfe durch Rezensionen verringert den Overload.
- ➤ **H4b:** Das Rückgaberecht verringert den Overload.

Der untere rechte Teil des Modells stellt die Moderatoren dar, die die Stärke des Overload-Effektes beeinflussen können. Daraus ergeben sich die nachstehenden Hypothesen:

> **H5:** Die Moderatoren beeinflussen die Stärke des Overload-Effektes.
> **H5a:** Je höher der Optimierungswille, desto höher der Overload.
> **H5b:** Je höher der Mangel an Präferenzen, desto höher der Overload.
> **H5c:** Je höher der Rechtfertigungsdrang, desto höher der Overload.

Die folgende Abbildung stellt das zu prüfende Modell dar und veranschaulicht die Beziehungen zwischen den Konstrukten inklusive der Hypothesen.

Abb. 10: Prüfmodell

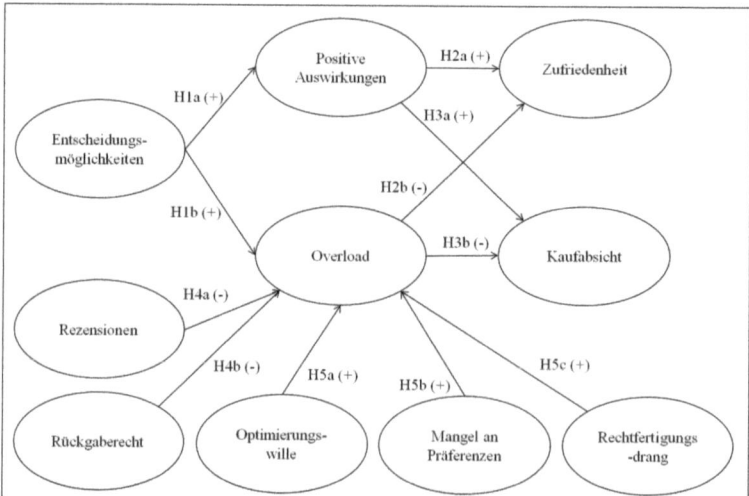

Quelle: Eigene Erstellung.

Das Untersuchungsdesign, das verwendet wurde, um das vorliegende Modell zu prüfen, wird im folgenden Kapitel erläutert.

5.1 Untersuchungsdesign

Um die theoretischen Erkenntnisse zu prüfen, wird das Instrument der Online-Umfrage genutzt.[320] Dies ermöglicht eine schnelle Verbreitung der Umfrage und generiert somit innerhalb kürzester Zeit eine Vielzahl von Teilnehmer. Die Umfrageteilnehmer werden zu Beginn gebeten sich in eine Situation hineinzuversetzen, in welcher sie die Buchung ihrer nächsten Reise vornehmen. Bevor ihnen mehrere Reisen angeboten werden, aus denen sie wählen können, werden die Teilnehmer zunächst nach ihren Präferenzen bezüglich ihrer idealen Reise gefragt. Die Befragten können unter verschiedenen Merkmalsausprägungen bezüglich der Reiseart, Reisedauer, des Preises und der Unterkunft wählen. Daraufhin wird abgefragt, wie wichtig es den Befragten ist, dass die gewählten Ausprägungen genau erfüllt werden. Dazu steht ihnen eine sechsstufige Likert-Skala von 1 (sehr unwichtig) bis 6 (sehr wichtig) zur Verfügung. Bei allen weiteren Fragen, bei denen keine Texteingabe erforderlich ist, wird ebenfalls die sechsstufige Likert-Skala verwendet, um eine *„Tendenz zum Mittelwert zu vermeiden und die Befragungsteilnehmer zu einer Stellungnahme in die eine oder andere Richtung zu veranlassen"*[321]. Die Angaben bzgl. der Wichtigkeit beschreiben das Ausmaß der zuvor gebildeten Präferenzen. Diese Präferenzen bzw. der Mangel an Präferenzen stellt einen Moderator dar, der die Stärke des Overload-Effektes beeinflussen kann. Auf der nächsten Seite werden den Probanden nun mehrere Reisen angeboten. Per Zufallsauswahl entscheidet sich, in welche der drei Gruppen ein Teilnehmer gelangt und somit auch wie viele Reisen ihm angeboten werden. Gelangt ein Teilnehmer in die erste Gruppe, so kann er lediglich zwischen vier Reisen wählen. In der zweiten Gruppe besteht die Wahl zwischen 16 Reisen. Der Vergleich zwischen diesen Gruppen soll später zeigen, dass die gestiegene Entscheidungsmöglichkeiten sowohl die positiven Auswirkungen als auch den Overload erhöhen. In der dritten Gruppe haben die Probanden die Möglichkeit zunächst nach Art der Reise (Sommerurlaub, Winterurlaub, Städtereise oder Romantik- & Wellness-Urlaub) zu filtern, um im Anschluss vier Reisen der gleichen Art miteinander zu vergleichen. Für diesen Vergleich stehen ihnen Rezensionen zur Verfügung. Der Vergleich zur zweiten Gruppe soll zeigen, dass die Maßnahme der Rezensionen dazu geeignet ist, bei gleichbleibender Anzahl an Alternativen den Overload zu reduzieren. Die Maßnahme des Rückgaberechts wird im Kontext von Reisen als Rücktrittsrecht umgesetzt. Dieses wird über alle drei Gruppen hinweg 50% der Teilnehmer angeboten. Somit kann, durch ein Vergleich zwischen den Teilneh-

---

[320] Ein Überblick über die in der Umfrage verwendeten Fragen sowie über die Zusammenhänge der abgefragten Items zu den jeweiligen Konstrukten befindet sich im Anhang.

[321] Backhaus, Klaus/Schlüter, Stefan (1994), S. 5.

mern mit Rücktrittsrecht und denen ohne Rücktrittsrecht, festgestellt werden, ob die Maßnahme dazu geeignet ist den Overload zu reduzieren. Nach der Wahl einer Reise werden die Teilnehmer auf der nächsten Seite gebeten die nachfolgenden Fragen auf Basis ihrer vorherigen Entscheidung zu beantworten. Zunächst sollen die Probanden die Anzahl der angebotenen Reisen und die Menge der verfügbaren Reiseinformationen bewerten, um zu überprüfen, ob die subjektive Wahrnehmung der Teilnehmer mit der tatsächlichen Alternativenzahl übereinstimmt. Hierfür wird die sechsstufige Likert-Skala von 1 (sehr wenig) bis 6 (sehr viel) verwendet. Danach werden die positiven Auswirkungen anhand von Zustimmungsfragen abgefragt. Hier sollen die Teilnehmer angeben, in welchem Ausmaß sie den Aussagen zustimmen. Dafür steht Ihnen die sechsstufige Likert-Skala von 1 (stimme überhaupt nicht zu) bis 6 (stimme voll und ganz zu) zur Verfügung. Auf der folgenden Seite wird der Overload ebenfalls anhand von Zustimmungsfragen abgefragt. Die darauffolgende Seite widmet sich der Abfrage der Zufriedenheit und der Kaufabsicht. Die Zufriedenheit wird zerlegt in Zufriedenheit mit dem Auswahlprozess und Zufriedenheit mit der gewählten Reise. Zudem wird die Weiterempfehlungsbereitschaft genutzt, um die Zufriedenheit der Teilnehmer zu messen. Eine Seite weiter werden die Moderatoren Optimierungswille und Rechtfertigungsdrang abgefragt, womit die eigentliche Befragung abgeschlossen wird. Es folgen lediglich eine Abfrage von Persönlichkeitsmerkmalen und eine Gewinnspielseite, die als Anreiz zur Teilnahme bereits auf der Startseite angekündigt wird.

Die Verbreitung des Online-Fragebogens erfolgte zum einen über den E-Mail-Verteiler der *Universität Trier*. Darüber wurden sowohl Studierende als auch Mitarbeiter der Universität erreicht. Zum anderen wurden die Sozialen Netzwerke *Facebook* und *Xing* genutzt, um Umfrageteilnehmer zu gewinnen. Hier erfolgte der Hinweis auf die Umfrage zum Großteil in Gruppen, die sich mit den Themen BWL, Marketing und Psychologie beschäftigen. Die Auswertung der erhobenen Daten folgt im nächsten Kapitel.

5.2 Auswertung

Nach einem Erhebungszeitraum von ca. 3 Wochen waren es 1412 Personen, die dem Link zum Fragebogen gefolgt sind. Davon haben 932 Personen die Umfrage beendet, was einer Beendigungsquote von 66,01% entspricht. Nach der Bereinigung des Datensatzes, aufgrund fehlender Angaben, blieben die Angaben von 854 Personen erhalten, mit deren Hilfe die nachfolgende Analyse durchgeführt wurde.

Angesichts der Größe des Datensatzes können repräsentative Aussagen getroffen werden.

Zu Beginn der Auswertung soll zunächst überprüft werden, ob die subjektive Wahrnehmung der Umfrageteilnehmer bzgl. der Entscheidungsmöglichkeiten mit den tatsächlich angebotenen Reisen sowie Reiseinformationen übereinstimmt. Dazu wird ein Mittelwertvergleich durchgeführt mit der Gruppenzugehörigkeit als unabhängige und den Entscheidungsmöglichkeiten als abhängige Variable.

Abb. 11: Subjektive Wahrnehmung der Entscheidungsmöglichkeiten

Bericht			
Entscheidungsmöglichkeiten			
Gruppenzugehörigkeit	Mittelwert	H	Standardabweichung
1. Gruppe - 4 Alternativen	2,2797	286	,85660
2. Gruppe - 16 Alternativen	3,7438	281	1,10769
3. Gruppe - 16 Alternativen+Rez.	2,9390	287	1,12921
Gesamtsumme	2,9830	854	1,19691

Quelle: SPSS-Output.

Der Vergleich zwischen Gruppe 1 (4 Alternativen) und Gruppe 2 (16 Alternativen) zeigt, dass die subjektive Wahrnehmung der Teilnehmer sehr gut mit den tatsächlich angebotenen Reisen übereinstimmt. Die Tatsache, dass die Probanden die Alternativenzahl der dritten Gruppe (16 Alternativen+Rez.) geringer als die der zweiten Grupe einschätzen, obwohl sie die gleiche Anzahl an Reisen enthalten, liegt wohl an der Filterung der Reisen. Da die Teilnehmer in der dritten Gruppe zunächst die Möglichkeit hatten nach Art der Reise zu filtern und danach nur vier Reisen miteinander vergleichen sollten, haben einige Teilnehmer den Umfang als geringer wahrgenommen als er in Wirklichkeit war. Dennoch wird die Anzahl an Reisen und Reiseinformationen in der dritten Gruppe wesentlich höher als in der ersten Gruppe eingeschätzt, was tatsächlich auch der Fall ist.

Im nächsten Schritt soll gezeigt werden, dass eine steigende Anzahl von Entscheidungsmöglichkeiten sowohl die positiven als auch negativen Auswirkungen erhöht. Hierfür werden zwei lineare Regressionsanalysen angewandt, die als unabhängige Variable die Entscheidungsmöglichkeiten verwenden und in der abhängigen Variablen zum einen die positiven Auswirkungen und zum anderen den Overload einsetzen. Da die Regressionsanalyse den Zusammenhang zwischen unabhängiger und abhängiger Variable untersucht, wird sie auch als Dependenzanalyse bezeichnet.[322] Die erste Regressionsanalyse liefert die nachfolgende Modellübersicht.

Abb. 12: Modellübersicht Regression: Entscheidungsmöglichkeiten - Positive Auswirkungen

Modellübersicht				
Modell	R	R-Quadrat	Angepasstes R-Quadrat	Standardfehler der Schätzung
1	,658[a]	,433	,433	,84625
a. Prädiktoren: (Konstante), Entscheidungsmöglichkeiten				

Quelle: SPSS-Output.

Ein gültiges Regressionsmodell ist essentiell, um die auf einer Stichprobe basierenden Ergebnisse der Regressionsanalyse auf die Gesamtpopulation übertragen zu können.[323] Um die Gültigkeit der Regressionsfunktion zu prüfen, wird zunächst das Bestimmtheitsmaß (R^2) betrachtet. Die Berechnung des Bestimmtheitsmaßes erfolgt durch die Division der erklärten Streuung durch die Gesamtstreuung. Der Wert von 0,433 besagt, dass 43,3% der Gesamtvarianz der abhängigen Variablen (Positive Auswirkungen) durch die unabhängige Variable (Entscheidungsmöglichkeiten) erklärt wird. Dieser Wert spricht für eine gute Anpassung der Regressionsfunktion an die empirischen Daten.[324] Der Standardfehler der Schätzung offenbart mit einem sehr geringen Wert von 0,84625 wenig *"mittlere Fehler bei Verwendung der Regressionsfunktion zu Schätzung der abhängigen Variablen"[325]* und bestätigt daher ebenfalls die Güte der Regressionsfunktion. Die nachfolgende Abbildung enthält die Werte, die für eine Betrachtung der F-Statistik benötigt werden.

---

[322] Vgl. Bamberg, Günter/Baur, Franz (1993), S. 42.

[323] Vgl. Bortz, Jürgen/Schuster, Christof (2010), S. 348.

[324] Vgl. Backhaus, Klaus et al. (2011), S. 72.

[325] Ebenda, S. 80.

Abb. 13: ANOVA Regression: Entscheidungsmöglichkeiten - Positive Auswirkungen

ANOVA[a]					
Modell	Quadratsumme	df	Mittel der Quadrate	F	Sig.
1 Regression	466,786	1	466,786	651,807	,000[b]
Residuum	610,152	852	,716		
Gesamtsumme	1076,938	853			
a. Abhängige Variable: PositiveAuswirkungen					
b. Prädiktoren: (Konstante), Entscheidungsmöglichkeiten					

Quelle: SPSS-Output.

Die F-Statistik misst ebenfalls, wie gut die Regressionsfunktion an die empirischen Daten angepasst ist. Doch neben der beim Bestimmtheitsmaß betrachteten Streuungszerlegung, integriert die F-Statistik zusätzlich den Umfang der Stichprobe, was eine Signifikanzprüfung möglich macht.[326] Der F-Wert von 651,807 führt zu einem p-Wert von kleiner als 0,001, womit die Nullhypothese, dass die Entscheidungsmöglichkeiten keinen Einfluss auf die positiven Auswirkungen haben, hoch signifikant verworfen werden kann.[327] Dies bestätigt erneut die gute Anpassung der Regressionsfunktion an die empirischen Daten. Auf Basis der positiven Prüfung der Regressionsfunktion kann ein Zusammenhang zwischen der unabhängigen und der abhängigen Variable postuliert werden.[328] Nach erfolgreicher Prüfung der Regressionsfunktion werden im nächsten Schritt die Regressionskoeffizienten überprüft. Die folgende Abbildung zeigt den relevanten SPSS-Output für die Betrachtung der Regressionskoeffizienten.

---

[326] Vgl. Backhaus, Klaus et al. (2011), S. 76.

[327] Vgl. ebenda, S. 100.

[328] Vgl. ebenda, S. 80.

Abb. 14: Koeffizienten Regression: Entscheidungsmöglichkeiten - Positive Auswirkungen

Koeffizienten[a]					
	Nicht standardisierte Koeffizienten		Standardisierte Koeffizienten	t	Sig.
Modell	B	Standard-fehler	Beta		
1 (Konstante)	1,575	,078		20,243	,000
Entscheidungs-möglichkeiten	,618	,024	,658	25,531	,000
a. Abhängige Variable: Positive Auswirkungen					

Quelle: SPSS-Output.

Die Regressionsparameter werden mit Hilfe der Methode der kleinsten Quadrate, einem der wichtigsten statistischen Schätzverfahren, gewonnen. Die Methode quadriert die Differenzen zwischen den Beobachtungswerten und den Schätzwerten, was dazu führt, dass große Differenzen höher gewichtet werden. Der Vorteil liegt darin, dass sich positive und negative Abweichungen nicht so leicht gegenseitig aufheben.[329] Die Regressionskoeffizienten für die Konstante sowie die Entscheidungsmöglichkeiten lassen sich in der Spalte 'Nicht standardisierte Koeffizienten B' ablesen. Somit lautet die Regressionsgleichung:

Positive Auswirkungen = 1,575 + 0,618 * Entscheidungsmöglichkeiten

Durch die Division des Regressionskoeffizienten durch seinen Standardfehler lässt sich der t-Wert berechnen. Dieser t-Wert sollte signifikant von null verschieden sein, damit die Nullhypothese, dass der Regressionskoeffizient gleich null ist, verworfen werden kann.[330] Dies ist hier der Fall. Mit Hilfe der standardisierten Regressionskoeffizienten lassen sich Aussagen über den Einfluss der unabhängigen Variablen auf die abhängige Variable treffen.[331] Die unabhängige Variable (Entscheidungsmöglichkeiten) weist mit einem Beta-Wert von 0,658 einen starken Einfluss auf die abhängige Variable (Positive Auswirkungen) auf. Die letzte

---

[329] Vgl. Backhaus, Klaus et al. (2011), S. 67.
[330] Vgl. ebenda, S. 81.
[331] Vgl. ebenda, S. 101.

Spalte gibt die statistische Signifikanz der unabhängigen Variablen an. Dieses hoch signifikante Ergebnis spricht dafür, dass eine erhöhte Anzahl von Entscheidungsmöglichkeiten die positiven Auswirkungen erhöht. Ein Mittelwertvergleich mit der Gruppenzugehörigkeit als unabhängige und den positiven Auswirkungen als abhängige Variable liefert das gleiche Ergebnis.

Abb. 15: Positive Auswirkungen nach Gruppen

Bericht			
Positive Auswirkungen			
Gruppenzugehörigkeit	Mittelwert	H	Standardabweichung
1. Gruppe - 4 Alternativen	3,0559	286	1,00380
2. Gruppe - 16 Alternativen	3,9266	281	1,06319
3. Gruppe - 16 Alternativen+Rez.	3,2827	287	1,11856
Gesamtsumme	3,4186	854	1,12362

Quelle: SPSS-Output.

Somit kann die Hypothese **H1a** bestätigt werden. Die zweite Regressionsanalyse betrachtet den Einfluss der Entscheidungsmöglichkeiten auf den Overload.

Abb. 16: Modellübersicht Regression: Entscheidungsmöglichkeiten - Overload

Modellübersicht			
Modell	R	R-Quadrat	Angepasstes R-Quadrat	Standardfehler der Schätzung
1	,085[a]	,007	,006	1,00179
a. Prädiktoren: (Konstante), Entscheidungsmöglichkeiten			

Quelle: SPSS-Output.

Ein angepasstes R^2 von 0,006 deutet auf eine schlechte Anpassung der Regressionsfunktion an die empirischen Daten hin, weshalb durch die Regressionsanalyse keine Aussage über den Zusammenhang zwischen den Entscheidungsmöglichkeiten und dem Overload getroffen werden kann. Dennoch zeigt der Mittelwertvergleich mit der Gruppenzugehörigkeit als unabhängige und dem Overload als abhängige Variable, dass der Overload bei steigenden Entscheidungsmöglichkeiten ansteigt.

Abb. 17: Overload nach Gruppen

Bericht			
Overload			
Gruppenzugehörigkeit	Mittelwert	H	Standardabweichung
1. Gruppe - 4 Alternativen	2,6614	286	1,00606
2. Gruppe - 16 Alternativen	2,8019	281	1,01335
3. Gruppe - 16 Alternativen+Rez.	2,6951	287	,99350
Gesamtsumme	2,7190	854	1,00487

Quelle: SPSS-Output.

Da der Mittelwertvergleich, im Gegensatz zur Regressionsanalyse, die tatsächliche Anzahl an Entscheidungsmöglichkeiten einbezieht, kann somit auch die Hypothese **H1b** bestätigt werden. Infolgedessen kann auch die Überhypothese **H1** verifiziert werden.

Als nächstes soll der Einfluss der positiven Auswirkungen und des Overloads auf die Zufriedenheit untersucht werden. Die dafür durchgeführte multiple lineare Regressionsanalyse liefert folgende Ergebnisse:

Abb. 18: Modellübersicht multiple Regression: Positive Auswirkungen + Overload - Zufriedenheit

Modellübersicht				
Modell	R	R-Quadrat	Angepasstes R-Quadrat	Standardfehler der Schätzung
1	,779[a]	,607	,606	,75741
a. Prädiktoren: (Konstante), Overload, PositiveAuswirkungen				

Quelle: SPSS-Output.

Das angepasste R^2 von 0,606 und der Standardfehler von nur 0,75741 sprechen für eine gute Anpassung der Regressionsfunktion an die empirischen Daten. Auch der multiple Korrelationskoeffizient (R), der bei multiplen Regressionsanalysen betrachtet werden sollte, bestätigt mit einem Wert von 0,779 die hohe Güte der Regressionsfunktion.[332]

Abb. 19: ANOVA multiple Regression: Positive Auswirkungen + Overload - Zufriedenheit

<table>
<tr><th colspan="7">ANOVA[a]</th></tr>
<tr><th colspan="2">Modell</th><th>Quadratsumme</th><th>df</th><th>Mittel der Quadrate</th><th>F</th><th>Sig.</th></tr>
<tr><td>1</td><td>Regression</td><td>754,781</td><td>2</td><td>377,390</td><td>657,854</td><td>,000[b]</td></tr>
<tr><td></td><td>Residuum</td><td>488,192</td><td>851</td><td>,574</td><td></td><td></td></tr>
<tr><td></td><td>Gesamtsumme</td><td>1242,973</td><td>853</td><td></td><td></td><td></td></tr>
<tr><td colspan="7">a. Abhängige Variable: Zufriedenheit</td></tr>
<tr><td colspan="7">b. Prädiktoren: (Konstante), Overload, PositiveAuswirkungen</td></tr>
</table>

Quelle: SPSS-Output.

Die Betrachtung des F-Wertes und seiner Signifikanz sprechen ebenfalls dafür, dass ein Zusammenhang zwischen den unabhängigen und der abhängigen Variablen postuliert werden kann. Die nachfolgende Abbildung zeigt, wie hoch der Einfluss der unabhängigen Variablen auf die abhängige Variable ist.

---

[332] Vgl. Backhaus, Klaus et al. (2011), S. 76.

Abb. 20: Koeffizienten multiple Regression: Positive Auswirkungen + Overload - Zufriedenheit

<table>
<tr><th colspan="7">Koeffizienten^a</th></tr>
</table>

Modell		Nicht standardisierte Koeffizienten		Standardisierte Koeffizienten		
		B	Standard-fehler	Beta	t	Sig.
1	(Konstante)	1,915	,130		14,766	,000
	Positive Auswirkungen	,692	,024	,644	28,516	,000
	Overload	-,338	,027	-,282	-12,459	,000
a. Abhängige Variable: Zufriedenheit						

Quelle: SPSS-Output.

Die signifikanten Ergebnisse zeigen einen starken Einfluss der unabhängigen Variablen auf die abhängige Variable. Während die positiven Auswirkungen die Zufriedenheit erhöhen, verringert der Overload die Zufriedenheit. Damit können die beiden Hypothesen **H2a** und **H2b** sowie deren Überhypothese **H2** bestätigt werden.

Die nächste Betrachtung fokussiert den Einfluss der positiven Auswirkungen und des Overloads auf die Kaufabsicht. Für diese Untersuchung wird ebenfalls eine multiple lineare Regressionsanalyse angewandt. Wie die nächste Abbildung veranschaulicht, sprechen das Bestimmtheitsmaß, der multiple Korrelationskoeffizient und der Standardfehler für eine akzeptable Güte der Regressionsfunktion.

Abb. 21: Modellübersicht multiple Regression: Positive Auswirkungen + Over-load - Kaufabsicht

Modell	R	R-Quadrat	Angepasstes R-Quadrat	Standardfehler der Schätzung
1	,492ᵃ	,242	,240	,98015

<table>
<tr><td colspan="5" align="center">Modellübersicht</td></tr>
</table>

a. Prädiktoren: (Konstante), Overload, PositiveAuswirkungen

Quelle: SPSS-Output.

Auch der F-Wert und die Signifikanz bestätigen dieses Ergebnis und weisen auf einen Zusammenhang zwischen den unabhängigen und der abhängigen Variablen hin.

Abb. 22: ANOVA multiple Regression: Positive Auswirkungen + Overload - Kaufabsicht

Modell		Quadratsumme	df	Mittel der Quadrate	F	Sig.
1	Regression	261,271	2	130,636	135,980	,000ᵇ
	Residuum	817,556	851	,961		
	Gesamtsumme	1078,828	853			

a. Abhängige Variable: Kaufabsicht

b. Prädiktoren: (Konstante), Overload, PositiveAuswirkungen

Quelle: SPSS-Output.

Die Betrachtung der nächsten Abbildung zeigt den hoch signifikanten Einfluss der positiven Auswirkungen und des Overloads auf die Kaufabsicht.

Abb. 23: Koeffizienten multiple Regression: Positive Auswirkungen + Overload - Kaufabsicht

Koeffizienten[a]					
	Nicht standardisierte Koeffizienten		Standardisierte Koeffizienten		
Modell	B	Standard-fehler	Beta	t	Sig.
1 (Konstante)	1,423	,168		8,480	,000
Positive Auswirkungen	,380	,031	,380	12,107	,000
Overload	-,242	,035	-,216	-6,886	,000
a. Abhängige Variable: Kaufabsicht					

Quelle: SPSS-Output.

Anhand der Vorzeichen der Regressionskoeffizienten lässt sich ablesen, dass die Kaufabsicht durch die positiven Auswirkungen erhöht und durch den Overload verringert wird. Daher können die Hypothesen **H3**, **H3a** und **H3b** als bestätigt angesehen werden.

Der nächste Schritt widmet sich der Testung der Reduktionsmaßnahmen. Es soll festgestellt werden, ob die Rezensionen und das Rückgaberecht dazu in der Lage sind, den Overload zu reduzieren und somit die Konsumenten bei ihrem Kaufprozess zu unterstützen. Um die Wirksamkeit der Rezensionen zu überprüfen, wird ein Mittelwertvergleich mit der Gruppenzugehörigkeit als unabhängige Variable und dem Overload als abhängige Variable durchgeführt. Dazu kann nochmals die Abbildung 17 betrachtet werden. Die Abbildung zeigt nicht nur, dass mehr Entscheidungsmöglichkeiten zu einem erhöhten Overload führen, sondern auch, dass die Reduktionsmaßnahme der Rezensionen dazu geeignet ist den Overload zu reduzieren. Die Teilnehmer, die in der dritten Gruppe landeten und somit die Rezensionen zur Hilfe hatten, wiesen mit einem Wert von 2,6951 einen deutlich geringeren Overload auf, als die Teilnehmer der zweiten Gruppe. Diese hatten einen Overload-Wert von 2,8019. Auch dieser Wert ist noch als relativ gering anzusehen, was womöglich auf das Phänomen der sozialen Erwünschtheit zurückzuführen ist. Die Befragten wollten möglicherweise nicht zugeben, dass sie durch die Auswahl der Reisen überfordert waren. Nichtsdestotrotz kann festgehalten werden, dass die Hilfe durch Rezensionen den Overload verringert hat. Somit gilt die Hypothese **H4a** als bestätigt. Um nun die Wirksamkeit des Rückgaberechts zu testen, wird ein Mittelwertvergleich mit der Variable Rückgaberecht als unabhängige Variable und dem Overload als abhängige Variable durchgeführt. Da das Rückgaberecht bzw. Rücktrittsrecht über alle Gruppen hinweg 50% der Teilnehmer angeboten wurde, sind lediglich die Teilnehmer mit Rücktrittsrecht mit denen ohne Rücktrittsrecht zu vergleichen.

Abb. 24: Wirksamkeit Rückgaberecht

Bericht			
Overload			
Rückgaberecht	Mittelwert	H	Standardabweichung
Kein Rücktrittsrecht	2,7467	431	1,01263
Rücktrittsrecht	2,6907	423	,99730
Gesamtsumme	2,7190	854	1,00487

Quelle: SPSS-Output.

Der Vergleich zeigt, dass die Personen, die ein Rücktrittsrecht erhalten haben, weniger vom Overload betroffen waren, als die Personen ohne Rücktrittsrecht. Der geringe Unterschied zwischen den Gruppen ist wohl darauf zurückzuführen, dass der Hinweis zum Rücktrittsrecht nicht allen Teilnehmern aufgefallen ist. Obwohl der Hinweis leicht ersichtlich gewesen ist, haben ihn einige Teilnehmer vermutlich überlesen. Dennoch bestätigt das Ergebnis die Hypothese **H4b**, womit auch die Überhypothese **H4** validiert ist.

Abschließend gilt es zu prüfen, ob die Moderatoren dazu in der Lage sind die Stärke des Overload-Effektes zu beeinflussen. Dazu wird eine multiple lineare Regressionsanalyse angewandt. Die Moderatoren Optimierungswille, Mangel an Präferenzen und Rechtfertigungsdrang bezeichnen die unabhängigen Variablen, deren Einfluss auf die abhängige Variable Overload geprüft werden soll.

Abb. 25: Modellübersicht multiple Regression: Moderatoren - Overload

			Angepasstes	
Modellübersicht				
Modell	R	R-Quadrat	R-Quadrat	Standardfehler der Schätzung
1	,355ª	,126	,123	,94116
a. Prädiktoren: (Konstante), Rechtfertigungsdrang, MangelAnPräferenzen, Optimierungswille				

Quelle: SPSS-Output.

Die Werte der Modellübersicht weisen auf keine besonders hohe, aber eine dennoch akzeptable Güte der Regressionsfunktion hin. Auch der F-Wert und die Signifikanz bestätigen dieses Ergebnis und weisen auf einen Zusammenhang zwischen den unabhängigen und der abhängigen Variablen hin.

Abb. 26: ANOVA multiple Regression: Moderatoren - Overload

ANOVAª						
Modell		Quadratsumme	df	Mittel der Quadrate	F	Sig.
1	Regression	108,422	3	36,141	40,801	,000ᵇ
	Residuum	752,909	850	,886		
	Gesamtsumme	861,330	853			
a. Abhängige Variable: Overload						
b. Prädiktoren: (Konstante), Rechtfertigungsdrang, MangelAnPräferenzen, Optimierungswille						

Quelle: SPSS-Output.

Die nächste Abbildung zeigt den hoch signifikanten Einfluss der Moderatoren auf den Overload.

Abb. 27: Koeffizienten multiple Regression: Moderatoren - Overload

Koeffizienten[a]					
	Nicht standardisierte Koeffizienten		Standardisierte Koeffizienten		
Modell	B	Standard-fehler	Beta	t	Sig.
1 (Konstante)	2,530	,200		12,668	,000
Optimierungswille	,263	,037	,251	7,078	,000
MangelAnPräferenzen	,105	,029	,116	3,607	,000
Rechtfertigungsdrang	-,315	,031	-,358	-10,081	,000
a. Abhängige Variable: Overload					

Quelle: SPSS-Output.

Die Werte zeigen, dass ein steigender Optimierungswille den Overload-Effekt erhöht. Somit gilt die Hypothese **H5a** als bestätigt. Auch die Hypothese **H5b** kann bestätigt werden, da ein Mangel an Präferenzen offensichtlich zu einer Erhöhung des Overloads führt. Die Betrachtung der Werte für den Rechtfertigungsdrang liefert ein überraschendes Ergebnis. Demnach führt das Gefühl sich rechtfertigen zu müssen zu einer Verringerung des Overload-Effektes, was den theoretischen Erkenntnissen der Arbeit widerspricht und somit zur Ablehnung der Hypothese **H5c** führt. Nach einer Analyse der Fragen, ist festzustellen, dass vielmehr die Rechtfertigungsfähigkeit abgefragt wurde als der Rechtfertigungsdrang. Es wurde z. B. die Zustimmungsfrage "Ich könnte meine Entscheidung sehr gut vor anderen rechtfertigen" verwendet. Das Rechtfertigen-Können bezeichnet aber eher die Fähigkeit als den Drang. Für den Drang hätte eine Frage wie "Ich hatte das Gefühl meine Entscheidung rechtfertigen zu müssen" verwendet werden sollen. Damit ist das Ergebnis nicht verwunderlich. Denn Personen, die schnell ein Argument für ihre Entscheidung nennen konnten, waren mit dem Auswahlprozess wohl weniger überfordert als Personen, die nur schwer ein Argument angeben konnten. Daher kann zwar keine Aussage über die eigentliche Hypothese getroffen werden und deshalb ist sie auch abzulehnen, aber nichtsdestotrotz hat die Untersuchung einen neuen Moderator hervorgebracht, der dazu in der Lage ist die Höhe des Overload-Effektes zu beeinflussen. Da die Moderatoren offensichtlich die Stärke des Over-load-Effektes beeinflussen, kann auch die Überhypothese **H5** bestätigt werden.

Zusammenfassend gilt es festzuhalten, dass die empirische Untersuchung die theoretischen Erkenntnisse der Arbeit weitgehend bestätigen konnte. Die folgende Abbildung zeigt noch einmal das Modell, welches durch die vorhergehende Analyse geprüft wurde, mit einer zusätzlichen Übersicht über die gewonnenen Erkenntnisse.

Abb. 28: Prüfmodell mit Ergebnissen

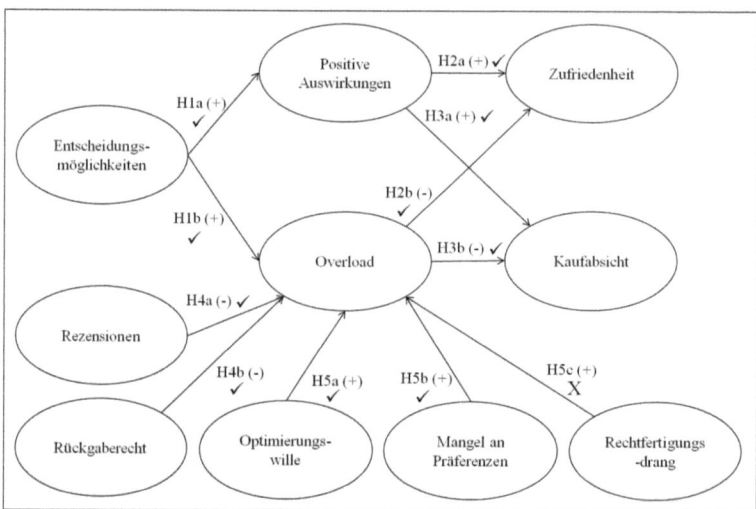

Quelle: Eigene Erstellung.

Es wird ersichtlich, dass alle Hypothesen, bis auf **H5c**, bestätigt werden konnten. Besonders wichtig ist dabei die Bestätigung der Hypothesen **H4**, **H4a** und **H4b**, wodurch eine Beantwortung der Forschungsfrage möglich ist. Die Maßnahmen Rezensionen und Rückgaberecht sind dazu geeignet den Overload zu reduzieren und somit den Konsumenten bei seiner Kaufentscheidung zu unterstützen. Darüber hinaus hat sich gezeigt, dass mehr Entscheidungsmöglichkeiten, bspw. in Form von mehr Alternativen, zu positiven Auswirkungen führen. Deshalb ist es so wichtig durch die geeigneten Maßnahmen den Overload zu verringern, um unter Beibehaltung der Vorteile gestiegener Entscheidungsmöglichkeiten, die Zufriedenheit und die Kaufabsicht der Konsumenten positiv zu beeinflussen. Neben den Reduktionsmaßnahmen bieten die Moderatoren geeignete Ansatzpunkte für Anbieter, um den Overload zu bekämpfen und den Konsumenten zu unterstützen.

6 Win-Win-Situation durch gestiegene Möglichkeiten

Anbieter folgen dem Motto 'je mehr, desto besser' und vergrößern kontinuierlich ihre Sortimente. Daher stehen Konsumenten heutzutage stetig wachsenden Sortimenten gegenüber, was ihre Entscheidungsmöglichkeiten immer weiter steigert. Für manche Konsumenten stellt dies eine positive Entwicklung dar. Denn für sie stehen die vielen Vorteile, die eine solche Entwicklung mit sich bringt, wie bspw. reduzierte Suchkosten oder eine leichtere Präferenzübereinstimmung, im Mittelpunkt. Andere Konsumenten fühlen sich von den zahlreichen Auswahlmöglichkeiten regelrecht überfordert und verschieben infolgedessen ihre Kaufentscheidung. Die daraus resultierende Unzufriedenheit kann sogar dazu führen, dass Konsumenten einen Anbieter grundlegend meiden.

Ziel der vorliegenden Arbeit war es deshalb zu verstehen, wie eine Überforderung beim Konsumenten entsteht, welche Faktoren diese beeinflussen und wie sie verhindert werden kann. Dazu wurde zunächst aufgezeigt, wie Konsumenten (Kauf-) Entscheidungen treffen, um zu verstehen, wie die steigenden Auswahlmöglichkeiten den Entscheidungsfindungsprozess des Konsumenten beeinflussen. Daraufhin wurde gezeigt, dass steigende Entscheidungsmöglichkeiten sowohl positive als auch negative Auswirkungen haben. Des Weiteren wurde gezeigt, wie die negativen Auswirkungen, also der Overload, entsteht, wie er beeinflusst werden kann und welche Maßnahmen dazu geeignet sind ihn zu verhindern.

Durch die empirische Untersuchung konnten die theoretischen Erkenntnisse der Arbeit nahezu vollständig validiert werden. Zunächst einmal wurde bestätigt, dass gestiegene Entscheidungsmöglichkeiten, in Form einer gestiegenen Anzahl an Alternativen und Produkteigenschaften, zu einer Erhöhung sowohl der positiven Eigenschaften, wie bspw. Autonomie, Abwechslung oder Spaß, als auch des Overload-Effektes führen. Zudem konnte gezeigt werden, dass die positiven Auswirkungen die Zufriedenheit und die Kaufabsicht der Konsumenten erhöhen, wohingegen der Overload diese verringert. Aus diesen Erkenntnissen lässt sich folgern, dass der Overload unbedingt verringert werden muss. Dadurch können die Konsumenten die Vorteile der gestiegenen Entscheidungsmöglichkeiten genießen, was bei verringertem Overload zu einer Erhöhung der Zufriedenheit und der Kaufabsicht führt. Bei einer simplen Reduktion der Entscheidungsmöglichkeiten würde zwar der Overload, aber vor allem auch die positiven Auswirkungen reduziert werden, weshalb eine solche Vorgehensweise wenig sinnvoll erscheint. Mit Hilfe der Online-Umfrage konnte gezeigt werden, dass es Reduktionsmaßnahmen gibt, die dazu in der Lage sind den Overload zu verringern und somit den Konsumenten in seinem Kaufprozess zu unterstützen. Die Maßnahmen der Rezensionen und des Rückgaberechts haben sich in dieser Hinsicht als äußerst hilfreich erwiesen. Darüber hinaus konnte festgestellt werden, dass die Moderatoren Optimierungswille und Mangel an Präferenzen zwei Faktoren darstellen, die die Stärke des Overload-Effektes beeinflussen können. Anbietern kann daher geraten werden auch diese Faktoren zu berücksichtigen, indem sie bspw. den Mangel an Präferenzen durch die geeignete Informationsbereitstellung beseitigen.

Die Ergebnisse dieser Arbeit liefern einen wesentlichen Beitrag zum Verständnis des Konsumentenverhaltens, vor allem im Hinblick auf die aktuellen Entwicklungen der stetig wachsenden Entscheidungsmöglichkeiten. Gerade weil es so wenige Studien gibt, die geeignete Maßnahmen zur Reduzierung von Overload testen, sind die Erkenntnisse dieser Arbeit äußerst wichtig. Allerdings sind einige Restriktionen zu beachten. Zunächst einmal fokussierte die Umfrage den Bereich von Urlaubsreisen. Es ist denkbar, dass die Rezensionen und das Rückgaberecht speziell in diesem Bereich geeignet waren den Overload zu reduzieren, aber bspw. im Lebensmittelbereich keine Wirkung gehabt hätten. Dies gilt es in weiteren Studien zu untersuchen. Es ist zu vermuten, dass unterschiedliche Reduktionsmaßnahmen in verschiedenen Bereichen eingesetzt werden sollten. Folgende Untersuchungen sollten zudem weitere Maßnahmen, wie bspw. die Kategorisierung, die sequentielle Darbietung oder die Art der Informationsbereitstellung auf ihre Wirksamkeit, den Overload zu reduzieren, überprüfen. Des Weiteren sollten geeignete Methoden entwickelt werden, um den Overload-Effekt zu messen. In der vorliegenden Untersuchung wurde dafür eine subjektive Einschätzung der Umfrageteilnehmer verwendet. Dabei besteht die Gefahr der sozialen Erwünschtheit, was bedeutet, dass einige Personen nicht zugeben, dass sie tatsächlich überfordert sind. Da dieser Effekt im Mittel zwar über alle Gruppen hinweg gleichermaßen auftaucht, ist die Wirksamkeit der Reduktionsmaßnahmen davon nicht betroffen. Dennoch wäre es im Sinne der Wissenschaft den tatsächlichen Overload ermitteln zu können. Darüber hinaus ist das Konzept der zielgruppenspezifischen Filterung, wie es im Zusammenhang der Rezensionen verwendet wurde, noch nicht weit genug verbreitet. Dies bezieht sich sowohl auf die Theorie als auch auf die Praxis. Das Online-Reisebüro *HolidayCheck* stellt als Vorreiter im Bezug auf die zielgruppenspezifische Filterung von Rezensionen ein gutes Beispiel dar, das in folgenden Untersuchungen Beachtung finden könnte. Abschließend gilt es festzuhalten, dass Anbieter ihre Sortimente ohne Probleme vergrößern können, solange sie die geeigneten Maßnahmen ergreifen, um der Überlastung der Konsumenten entgegen zu wirken und sie beim Kaufprozess zu unterstützen. Dadurch profitieren sowohl Konsumenten, durch die positiven Auswirkungen gestiegener Entscheidungsmöglichkeiten, als auch Anbieter, durch die erhöhte Zufriedenheit und gesteigerte Kaufabsicht ihrer Kunden.

Anhang

Abb. 29: Übersicht: Konstrukte, Items und Operationalisierung

Entscheidungsmöglichkeiten[333]		
Item	**In Anlehnung an:** Bruner, Gordon C./James, Karen/Hensel, Paul J. (2001)	**Operationalisierung**
Anzahl an Alternativen		Bitte beurteilen Sie die Anzahl der angebotenen Reisen.
Anzahl an Eigenschaften		Bitte beurteilen Sie die Menge der verfügbaren Reiseinformationen.
Skalierung: 1: sehr wenig - 6: sehr viel		
Positive Auswirkungen		
Autonomie	#320 Self-Sufficiency (S.518f); #514-516 Centralization (S.840-844); #892 Supervisory Participation (S.1550)	Ich hatte das Gefühl frei entscheiden zu können.
		Eine individuelle Entscheidung war möglich.
Abwechslung/Vielfalt	#67 Brand Differences (S.116)	Die Auswahl bestand aus einem vielfältigen Angebot.
		Die angebotenen Reisen berücksichtigten verschiedene Interessen.
Präferenzübereinstimmung	#71 Brand Loyalty (S.121); #156 Exploratory Consumer Tendencies (S.249ff); #317-319 Self-Image Congruence (S.512-517)	Die gewählte Reise entspricht absolut meinen Interessen.
		Die gewählte Reise entspricht absolut meinen Erwartungen an einen Urlaub.

---

[333] Die Konstrukte Entscheidungsmöglichkeiten, Positive Auswirkungen, Overload, Zufriedenheit und Kaufabsicht wurden über die Mittelwerte der zugehörigen Items gebildet.

Spaß	#196 Involvement (Coupons) (S.314); #214 Involvement (Sales Promotion Deals) (S.344f); #363-366 Shopping Enjoyment (S.601-605); #369 Shopping Value (Hedonic) (S.608f)	Die Auswahl der Reise bereitete mir Spaß.
		Der Vergleich zwischen den Reisen machte mir Freude.

Skalierung: 1: stimme überhaupt nicht zu - 6: stimme voll und ganz zu

Overload

Verringerte Motivation der Entscheidungsfindung	#565 Decision Difficulty (S.936f)	Es fiel mir schwer eine Entscheidung zu treffen.
		Ich hätte die Entscheidung sehr gerne verschoben.
Reduzierte Präferenzstärke	#77 Brand Preference (S.127); #239 Need to Reexperience Music (S.390)	Eine andere Reise könnte besser sein als die von mir gewählte.
		Bei einer erneuten Wahl (aus demselben Angebot) würde ich eine andere Reise wählen.
Negative Emotionen	#169 Frustration (S.269)	Ich habe das Gefühl, dass ich meine Entscheidung später bereuen könnte.
		Ich befürchte, dass ich von der gewählten Reise enttäuscht werden könnte.

Skalierung: 1: stimme überhaupt nicht zu - 6: stimme voll und ganz zu

Zufriedenheit

Zufriedenheit mit dem Auswahlprozess	#256-257 Pleasure (S.420-423); #302-312 Satisfaction (S.487-503)	Ich war mit dem Auswahlprozess sehr zufrieden.
Zufriedenheit mit der ausgewählten Alternative		Ich bin mit der gewählten Reise sehr zufrieden.
Weiterempfehlungsbereitschaft		Ich würde die Reise meinen Freunden empfehlen.

Skalierung: 1: stimme überhaupt nicht zu - 6: stimme voll und ganz zu

Kaufabsicht		
Kaufabsicht	#59-61 Behavioral Intention (S.103-109); #278-280 Purchase Intention (S.453-457)	Ich würde die Reise **jetzt** buchen.
		Ich würde mich vor der Buchung **erst noch** woanders informieren.[334]
Skalierung: 1: stimme überhaupt nicht zu - 6: stimme voll und ganz zu		
Moderatoren		
Optimierungswille	#655 Information Use (Manager) (S.1099f); #658 Instrumental Utilization Processes (S.1105f)	Ich habe versucht die beste Alternative zu wählen.
		Ich habe versucht alle Informationen sorgfältig abzuwägen.
		Eine optimale Wahl ist mir besonders wichtig.
Rechtfertigungsdrang		Ich könnte meine Entscheidung sehr gut vor anderen rechtfertigen.
		Warum haben Sie sich für die ausgewählte Reise entschieden? (Stichworte genügen) - **Eingabefeld**
		Die Angabe eines Arguments für meine Entscheidung fiel mir sehr leicht.
Skalierung: 1: stimme überhaupt nicht zu - 6: stimme voll und ganz zu		
Mangel an Präferenzen	#71 Brand Loyalty (S.121); #83 Clothing Style Preference (S.135); #156 Exploratory Consumer Tendencies (S.249ff); zusätzlich: Chernev (2003), S.171	Bitte stellen Sie sich Ihre ideale Reise vor und geben Sie an, welche Merkmale diese besitzt: - **Auswahlmöglichkeiten für Reiseart, Reisedauer, Preis und Unterkunft.**
		Wie wichtig ist es Ihnen, dass die Merkmale entsprechend Ihrer Angabe genau erfüllt werden? -

---

[334] Um die Kaufabsicht zu erfassen, musste die Skala dieses Items gedreht werden.

		Frage jeweils für Reiseart, Reisedauer, Preis und Unterkunft.[335]
Skalierung: 1: sehr unwichtig - 6: sehr wichtig		

Quelle: Eigene Erstellung.

---

[335] Da die Operationalisierung die Präferenzen abfragt, wurde die Skala gedreht, um den Mangel an Präferenzen zu erfassen.

Abb. 30: ANOVA Regression: Entscheidungsmöglichkeiten - Overload

ANOVA[a]						
Modell		Quadratsumme	df	Mittel der Quadrate	F	Sig.
1	Regression	6,276	1	6,276	6,254	,013[b]
	Residuum	855,054	852	1,004		
	Gesamtsumme	861,330	853			
a. Abhängige Variable: Overload						
b. Prädiktoren: (Konstante), Entscheidungsmöglichkeiten						

Quelle: SPSS-Output.

Abb. 31: Koeffizienten Regression: Entscheidungsmöglichkeiten - Overload

Koeffizienten[a]						
		Nicht standardisierte Koeffizienten		Standardisierte Koeffizienten		
Modell		B	Standard-fehler	Beta	t	Sig.
1	(Konstante)	2,933	,092		31,842	,000
	Entscheidungs-möglichkeiten	-,072	,029	-,085	-2,501	,013
a. Abhängige Variable: Overload						

Quelle: SPSS-Output.

Literaturverzeichnis

Amir, On/Levav, Jonathan (2008):
Choice Construction Versus Preference Construction: The Instability of Preferences Learned in Context, in: Journal of Marketing Research, 45. Jg., 2008, Nr. 2, S. 145–158.

Anderson, Myles (2013):
2013 Study: 79% Of Consumers Trust Online Reviews As Much As Personal Recommendations, Online im Internet: URL: <http://searchengineland.com/2013-study-79-of-consumers-trust-online-reviews-as-much-as-personal-recommendations-164565> (Stand: 26.06.2013, Abfrage am: 29.04.2014).

Ariely, Dan/Levav, Jonathan (2000):
Sequential Choice in Group Settings: Taking the Road Less Traveled and Less Enjoyed, in: Journal of Consumer Research, 27. Jg., 2000, Nr. 3, S. 279–290.

Babin, Barry J./Darden, William R./Griffin, Mitch (1994):
Work and/or Fun: Measuring Hedonic and Utilitarian Shopping Value, in: Journal of Consumer Research, 20. Jg., 1994, Nr. 4, S. 644–656.

Backhaus, Klaus/Erichson, Bernd/Plinke, Wulff/Weiber, Rolf (2011):
Multivariate Analysemethoden - Eine anwendungsorientierte Einführung, 13. Aufl., Berlin u.a. 2011.

Backhaus, Klaus/Schlüter, Stefan (1994):
Die Marktorientierung Deutscher Investitionsgüterhersteller. Eine empirische Analyse. Working Paper, Münster.

Bamberg, Günter/Baur, Franz (1993):
Statistik, 8. Aufl., München 1993.

Benlian, Alexander/Titah, Ryad/Hess, Thomas (2012):
Differential Effects of Provider Recommendations and Consumer Reviews in E-Commerce Transactions: An Experimental Study, in: Journal of Management Information Systems, 29. Jg., 2012, Nr. 1, S. 237–272.

Besedes, Tibor/Deck, Cary/Sarangi, Sudipta/Shor, Mikhael (2012):
Reducing Choice Overload without Reducing Choice. Working Paper, Atlanta/Fayetteville/Baton Rouge/Storrs.

Betancourt, Roger/Gautschi, David (1990):
Demand Complementarities, Household Production, and Retail Assortments, in: Marketing Science, 9. Jg., 1990, Nr. 2, S. 146–161.

Blackwell, Roger D./Miniard, Paul W./Engel, James F. (2001):
Consumer behavior, 9. Aufl., Ft. Worth, Texas 2001.

Boatwright, Peter/Nunes, Joseph C. (2001):
Reducing Assortment: An Attribute-Based Approach, in: Journal of Marketing Research, 65. Jg., 2001, Nr. 3, S. 50–63.

Borle, Sharad/Boatwright, Peter/Kadane, Joseph B./Nunes, Joseph C./Galit, Shmueli (2005):
The Effect of Product Assortment Changes on Customer Retention, in: Marketing Science, 24. Jg., 2005, Nr. 4, S. 616–622.

Bortz, Jürgen/Schuster, Christof (2010):
Statistik für Human- und Sozialwissenschaftler, 7. Aufl., Berlin/Heidelberg 2010.

Botti, Simona/Iyengar, Sheena S. (2004):
The Psychological Pleasure and Pain of Choosing: When People Prefer Choosing at the Cost of Subsequent Outcome Satisfaction, in: Journal of Personality and Social Psychology, 87. Jg., 2004, Nr. 3, S. 312–326.

Brehm, Jack W. (1956):
Postdecision Changes in the Desirability of Alternatives, in: The Journal of Abnormal and Social Psychology, 52. Jg., 1956, Nr. 3, S. 384–389.

Briesch, Richard A./Chintagunta, Pradepp K./Fox, Edward J. (2009):
How Does Assortment Affect Grocery Store Choice?, in: Journal of Marketing Research, 46. Jg., 2009, Nr. 2, S. 176–189.

Broniarczyk, Susan M./Hoyer, Wayne D./McAlister, Leigh (1998):

The Effects of Product Class Knowledge on Information Search Behavior, in:
Journal of Consumer Research, 12. Jg., 1985, Nr. 1, S. 1–16.

Consumers' Perceptions of the Assortment Offered in a Grocery Category:
The Impact of Item Reduction, in: Journal of Marketing Research, 35. Jg.,
1998, Nr. 2, S. 166–176.

Brucks, Merrie (1985):

The Effects of Product Class Knowledge on Information Search Behavior, in:
Journal of Consumer Research, 12. Jg., 1985, Nr. 1, S. 1–16.

Bruner, Gordon C./James, Karen/Hensel, Paul J. (2001):

Marketing scales handbook - A compilation of multi-item measures, Chicago
2001.

Chen, Pei-Yu/Dhanasobhon, Samita/Smith, Michael D. (2008):

All Reviews are Not Created Equal: The Disaggregate Impact of Reviews and
Reviewers at Amazon.Com. Working Paper, Pittsburgh/Philadelphia.

Chernev, Alexander (2003):

When More Is Less and Less Is More: The Role of Ideal Point Availability
and Assortment in Consumer Choice, in: Journal of Consumer Research, 30.
Jg., 2003, Nr. 2, S. 170–183.

Chevalier, Judith A./Mayzlin, Dina (2006):

The Effect of Word of Mouth on Sales: Online Book Reviews, in: Journal of
Marketing Research, 43. Jg., 2006, Nr. 3, S. 345–354.

Choi, Jinhee/Fishbach, Ayelet (2011):

Choice as an End Versus a Means, in: Journal of Marketing Research, 48. Jg.,
2011, Nr. 3, S. 544–554.

Clemons, Eric/Gao, Guodong/Hitt, Lorin (2006):

When Online Reviews Meet Hyperdifferentiation: A Study of the Craft Beer
Industry, in: Journal of Management Information Systems, 23. Jg., 2006, Nr.
2, S. 149–171.

Curley, Shawn P./Yates, J. Frank/Abrams, Richard A. (1986):

Psychological Sources of Ambiguity Avoidance, in: Organizational Behavior
and Human Decision Processes, 38. Jg., 1986, Nr. 2, S. 230–256.

Darby, Michael R./Karni, Edi (1973):
Free Competition and the Optimal Amount of Fraud, in: Journal of Law and Economics, 16. Jg., 1973, Nr. 1, S. 67–88.

Dar-Nimrod, Ilan/Rawn, Catherine D./Lehman, Darrin R./Schwartz, Barry (2009):
The Maximization Paradox: The costs of seeking alternatives, in: Personality and Individual Differences, 46. Jg., 2009, Nr. 5-6, S. 631–635.

Deci, Edward L./Ryan, Richard M. (1985):
Intrinsic motivation and self-determination in human behavior, New York/London 1985.

Dhar, Ravi (1997):
Consumer Preference for a No-Choice Option, in: Journal of Consumer Research, 24. Jg., 1997, Nr. 2, S. 215–231.

Diehl, Kristin/Poynor, Cait (2010):
Great Expectations?! Assortment Size, Expectations, and Satisfaction, in: Journal of Marketing Research, 47. Jg., 2010, Nr. 2, S. 312–322.

Drèze, Xavier/Hoch, Stephen J./Purk, Mary E. (1994):
Shelf management and space elasticity, in: Journal of Retailing and Consumer Services, 70. Jg., 1994, Nr. 4, S. 301–326.

Dworkin, Gerald (1982):
Is More Choice Better than Less?, in: Midwest Studies In Philosophy, 7. Jg., 1982, Nr. 1, S. 47–61.

Engel, James F./Blackwell, Roger D./Kegerreis, Robert J. (1969):
How information is used to adopt an innovation, in: Journal of Advertising Research, 9. Jg., 1969, Nr. 4, S. 3–8.

eRecht24 (o. J.):
Widerrufsrecht für Online-Shops, Online im Internet: URL: <http://www.e-recht24.de/artikel/widerrufsbelehrung/7702-onlineshops-neues-widerrufsrecht-2014.html> (Abfrage am: 29.04.2014).

Fasolo, Barbara/McClelland, Gary H./Todd, Peter M. (2007):
Escaping the tyranny of choice: when fewer attributes make choice easier, in: Marketing Theory, 7. Jg., 2007, Nr. 1, S. 13–26.

Fisher, Wayne W./Mazur, James E. (1997):
Basic and Applied Research on Choice Responding, in: Journal of Applied Behavior Analysis, 30. Jg., 1997, Nr. 3, S. 387–410.

Foscht, Thomas/Swoboda, Bernhard (2007):
Käuferverhalten - Grundlagen - Perspektiven - Anwendungen, 3. Aufl., Wiesbaden 2007.

Franz, Stephan (2004):
Grundlagen des ökonomischen Ansatzes: Das Erklärungskonzept des Homo Oeconomicus. Working Paper, Potsdam.

Gabler Wirtschaftslexikon (o. J.):
Definition Entscheidung, Online im Internet: URL: <http://wirtschaftslexikon.gabler.de/Definition/entscheidung.html> (Abfrage am: 29.04.2014).

Gilbert, Daniel T./Ebert, Jane E. J. (2002):
Decisions and Revisions: The Affective Forecasting of Changeable Outcomes, in: Journal of Personality and Social Psychology, 82. Jg., 2002, Nr. 4, S. 503–514.

Gourville, John T./Soman, Dilip (2005):
Overchoice and Assortment Type: When and Why Variety Backfires, in: Marketing Science, 24. Jg., 2005, Nr. 3, S. 382–395.

Handelsblatt Online (2010):
Wenn Auswahl überfordert – oder auch nicht, Online im Internet: URL: <http://www.handelsblatt.com/politik/oekonomie/nachrichten/konsumverhalten-wenn-auswahl-ueberfordert-oder-auch-nicht-seite-all/3362886-all.html> (Stand: 05.02.2010, Abfrage am: 29.04.2014).

Hartman, Katherine B./Hunt, James B./Childers, Carla Y. (2013):
Effects of eWOM valence: examining consumer choice using evaluations of teaching, in: Journal of Behavioral Studies in Business, 6. Jg., 2013, S. 1–12.

Hayek, Friedrich August von (2005):

Die Verfassung der Freiheit, 4. Aufl., Tübingen 2005.

Haynes, Graeme A. (2009):

Testing the Boundaries of the Choice Overload Phenomenon: The Effect of Number of Options and Time Pressure on Decision Difficulty and Satisfaction, in: Psychology & Marketing, 26. Jg., 2009, Nr. 3, S. 204–212.

Heap, Shaun Hargreaves (1992):

The Theory of choice - A critical guide, Oxford, U.K u. a. 1992.

Herr, Paul M./Kardes, Frank R./Kim, John (1991):

Effects of Word-of-Mouth and Product-Attribute Information on Persuasion: An Accessibility-Diagnosticity Perspective, in: Journal of Consumer Research, 17. Jg., 1991, Nr. 4, S. 454–462.

Hochschulkompass (2014):

Studienangebote deutscher Hochschulen, Online im Internet: URL: <http://www.hs-kompass2.de/kompass/xml/index_stud.htm> (Stand: 28.04.2014, Abfrage am: 29.04.2014).

HolidayCheck (o. J.):

Filterung von Rezensionen, Online im Internet: URL: <http://www.holidaycheck.de/hotel-Hotelbewertungen_Hotel+Aydinbey+Kings+Palace-ch_hb-tr_1-tw_1-wa_2-hid_182236.html> (Abfrage am: 29.04.2014).

Huang, Liqiang/Tan, Chuan-Hoo/Ke, Weiling/Wei, Kwok-Kee (2013):

Comprehension and Assessment of Product Reviews: A Review-Product Congruity Proposition, in: Journal of Management Information Systems, 30. Jg., 2013, Nr. 3, S. 311–343.

Huffman, Cynthia/Kahn, Barbara E. (1998):

Variety for Sale: Mass Customization or Mass Confusion?, in: Journal of Retailing and Consumer Services, 74. Jg., 1998, Nr. 4, S. 491–513.

Hutchinson, J. Wesley/Alba, Joseph W. (1991):

Ignoring Irrelevant Information: Situational Determinants of Consumer Learning, in: Journal of Consumer Research, 18. Jg., 1991, Nr. 3, S. 325–345.

Iyengar, Sheena S. (2012):

How to make choosing easier, Online im Internet: URL: <http://www.youtube.com/watch?v=1pq5jnM1C-A> (Stand: 19.01.2012, Abfrage am: 29.04.2014).

Iyengar, Sheena S./Huberman, Gur/Jiang, Wei (2004):

How Much Choice is Too Much? Contributions to 401(k) Retirement Plans, in: Mitchell, Olivia S./Utkus, Stephen P. (Hrsg.): Pension Design and Structure 2004, S. 83–96.

Iyengar, Sheena S./Jiang, Wei (2005):

The Psychological Costs of Ever Increasing Choice: A Fallback to the Sure Bet. Working Paper, New York.

Iyengar, Sheena S./Lepper, Mark R. (2000):

When choice is demotivating: Can one desire too much of a good thing?, in: Journal of Personality and Social Psychology, 79. Jg., 2000, Nr. 6, S. 995–1006.

Iyengar, Sheena S./Wells, Rachael E./Schwartz, Barry (2006):

Doing Better but Feeling Worse - Looking for the ''Best'' Job Undermines Satisfaction, in: Psychological Science, 17. Jg., 2006, Nr. 2, S. 143–150.

Jacoby, Jacob (1977):

Information Load and Decision Quality: Some Contested Issues, in: Journal of Marketing Research, 14. Jg., 1977, Nr. 4, S. 569–573.

Jacoby, Jacob/Speller, Donald E./Kohn, Carol A. (1974):

Brand Choice Behavior as a Function of Information Load, in: Journal of Marketing Research, 11. Jg., 1974, Nr. 1, S. 63–69.

Kahn, Barbara E. (1995):

Consumer variety seeking among goods and services - An integrated review, in: Journal of Retailing and Consumer Services, 2. Jg., 1995, Nr. 3, S. 139–148.

Kahn, Barbara E./Lehmann, Donald R. (1991):

Modeling Choice Among Assortments, in: Journal of Retailing and Consumer Services, 67. Jg., 1991, Nr. 3, S. 274–299.

Kahnemann, Daniel/Knetsch, Jack L./Thaler, Richard H. (1990):

Experimental Tests of the Endowment Effect and the Coase Theorem, in: Journal of Political Economy, 98. Jg., 1990, Nr. 6, S. 1325–1348.

Kirchgässner, Gebhard (1991):

Homo oeconomicus - Das ökonomische Modell individuellen Verhaltens und seine Anwendung in den Wirtschafts- und Sozialwissenschaften, Tübingen 1991.

Koelemeijer, Kitty/Oppewal, Harmen (1999):

Assessing the Effects of Assortment and Ambience: A Choice Experimental Approach, in: Journal of Retailing and Consumer Services, 75. Jg., 1999, Nr. 3, S. 319–345.

Kohli, Rajiv/Devaraj, Sarv/Mahmood, M. Adam (2004):

Understanding Determinants of Online Consumer Satisfaction: A Decision Process Perspective, in: Journal of Management Information Systems, 21. Jg., 2004, Nr. 1, S. 115–135.

Kroeber-Riel, Werner/Weinberg, Peter/Gröppel-Klein, Andrea (2011):
Konsumentenverhalten, 9. Aufl., München 2011.

Kuksov, Dmitri/Villas-Boas, J. Miguel (2010):

When More Alternatives Lead to Less Choice, in: Marketing Science, 29. Jg., 2010, Nr. 3, S. 507–524.

Kuß, Alfred/Tomczak, Torsten (2000):

Käuferverhalten - Eine marketingorientierte Einführung, 2. Aufl., Stuttgart 2000.

Langer, Ellen J. (1975):

The Illusion of Control, in: Journal of Personality and Social Psychology, 32. Jg., 1975, Nr. 2, S. 311–328.

Langer, Ellen J./Rodin, Judith (1976):

The Effects of Choice and Enhanced Personal Responsibility for the Aged: A Field Experiment in an Institutional Setting, in: Journal of Personality and Social Psychology, 34. Jg., 1976, Nr. 2, S. 191–198.

Larrick, Richard P. (1995):

Avoiding Regret in Decisions with Feedback: A Negotiation Example, in: Organizational Behavior and Human Decision Processes, 63. Jg., 1995, Nr. 1, S. 87–97.

Lee, Jumin/Park, Do-Hyung/Han, Ingoo (2011):

The different effects of online consumer reviews on consumers' purchase intentions depending on trust in online shopping malls: An advertising perspective, in: Internet Research, 21. Jg., 2011, Nr. 2, S. 187–206.

Levi's (2014):

Auswahl Herren-Jeans, Online im Internet: URL: <http://www.levi.com/DE/de_DE/category/men/jeans> (Abfrage am: 29.04.2014).

Li, Mengxiang/Huang, Liqiang/Tan, Chuan-Hoo/Wei, Kwok-Kee (2013):

Helpfulness of Online Product Reviews as Seen by Consumers: Source and Content Features, in: International Journal of Electronic Commerce, 17. Jg., 2013, Nr. 4, S. 101–136.

Li, Xinxin/Hitt, Lorin M./Zhang, Z. John (2011):

Product Reviews and Competition in Markets for Repeat Purchase Products, in: Journal of Management Information Systems, 27. Jg., 2011, Nr. 4, S. 9–42.

Luce, Mary Frances/Payne, John W./Bettman, James R. (1999):

Emotional Trade-Off Difficulty and Choice, in: Journal of Marketing Research, 36. Jg., 1999, Nr. 2, S. 143–159.

Malhotra, Naresh K. (1982):

Information Load and Consumer Decision Making, in: Journal of Consumer Research, 8. Jg., 1982, Nr. 4, S. 419–430.

Mazanec, Josef (1978):

Strukturmodelle des Konsumverhaltens - Empirische Zugänglichkeit u. prakt. Einsatz zur Vorbereitung absatzwirtschaftl. Positionierungs- u. Segmentierungsentscheidungen, Wien 1978.

Meffert, Heribert (1992):

Marketingforschung und Käuferverhalten, 2. Aufl., Wiesbaden 1992.

Miller, George A. (1956):

The Magical Number Seven, Plus Or Minus Two: Some Limits On Our Capacity For Processing Information, in: The Psychological Review, 63. Jg., 1956, Nr. 2, S. 81–97.

Mishra, Arul (2009):

Influence of Contagious versus Noncontagious Product Groupings on Consumer Preferences, in: Journal of Consumer Research, 36. Jg., 2009, Nr. 1, S. 73–82.

mobile.de (2012):

TV Werbung 2012 - Welcher ist dein Nächster?, Online im Internet: URL: <http://www.youtube.com/watch?v=4xfmTYnqezg> (Stand: 10.01.2012, Abfrage am: 29.04.2014).

Mogilner, Cassie/Rudnick, Tamar/Iyengar, Sheena S. (2008):

The Mere Categorization Effect: How the Presence of Categories Increases Choosers' Perceptions of Assortment Variety and Outcome Satisfaction, in: Journal of Consumer Research, 35. Jg., 2008, Nr. 2, S. 202–215.

Montgomery, Henry (1983):

Decision Rules and the Search for a Dominance Structure: Towards a Process Model of Decision Making, in: Svenson, Ola/Humphreys, Patrick/Vári, Anna (Hrsg.): Analysing and aiding decision processes, Amsterdam/New York 1983, S. 343–369.

Moorthy, Sridhar/Srinivasan, Kannan (1995):

Signaling Quality with a Money-Back Guarantee: The Role of Transaction Costs, in: Marketing Science, 14. Jg., 1995, Nr. 4, S. 442–466.

Mudambi, Susan M./Schuff, David (2010):

What Makes a Helpful Online Review? A Study of Consumer Reviews on Amazon.com, in: MIS Quarterly, 34. Jg., 2010, Nr. 1, S. 185–200.

Narayna, Chem L./Markin, Rom J. (1975):

Consumer Behavior and Product Performance: An Alternative Conceptualization, in: Journal of Marketing Research, 39. Jg., 1975, Nr. 4, S. 1–6.

Nelson, Phillip (1970):

Information and Consumer Behavior, in: Journal of Political Economy, 78. Jg., 1970, Nr. 2, S. 311–389.

Nordgren, Loran F./Dijksterhuis, Ap (2009):

The Devil Is in the Deliberation: Thinking Too Much Reduces Preference Consistency, in: Journal of Consumer Research, 36. Jg., 2009, Nr. 1, S. 39–46.

Oppewal, Harmen/Koelemeijer, Kitty (2005):

More choice is better: Effects of assortment size and composition on assortment evaluation, in: International Journal of Research in Marketing, 22. Jg., 2005, Nr. 1, S. 45–60.

Ozturkcan, Selcen/Gursoy, Gul (2014):

On-Line Reviews' Impact on Trust Building, in: Global Conference on Business and Finance Proceedings, 9. Jg., 2014, Nr. 1, S. 350–360.

Payne, John W./Bettman, James R./Johnson, Eric J. (1993):

The adaptive decision maker, Cambridge 1993.

Persky, Joseph (1995):

Retroperspective - The Ethology of Homo Economicus, in: Journal of Economic Perspectives, 9. Jg., 1995, Nr. 2, S. 221–231.

Postrel, Virginia (2005):

Consumer Vertigo, Online im Internet: URL: <http://reason.com/archives/2005/06/01/consumer-vertigo/2> (Stand: 2005, Abfrage am: 29.04.2014).

Ratner, Rebecca K./Kahn, Barbara E./Kahnemann, Daniel (1999):

Choosing Less-Preferred Experiences for the Sake of Variety, in: Journal of Consumer Research, 26. Jg., 1999, Nr. 1, S. 1–14.

Raz, Joseph (1986):

The morality of freedom, Oxford [Oxfordshire] 1986.

Reed, Derek D./Reed, Florence D. DiGennaro/Chok, James/Brozyna, Gary A. (2011):

The "Tyranny Of Choice": Choice Overload As A Possible Instance Of Effort Discounting, in: The Psychological Record, 61. Jg., 2011, Nr. 4, S. 547–560.

Reibstein, David J./Youngblood, Stuart A./Fromkin, Howard L. (1975):

Number of Choices and Perceived Decision Freedom as a Determinant of Satisfaction and Consumer Behavior, in: Journal of Applied Psychology, 60. Jg., 1975, Nr. 4, S. 434–437.

Reutskaja, Elena/Hogarth, Robin M. (2006):

Satisfaction in choice as a function of the number of alternatives: When "goods satiate" but "bads escalate". Working Paper, Barcelona.

Samuelson, William/Zeckhauser, Richard (1988):

Status quo bias in decision making, in: Journal of Risk and Uncertainty, 1. Jg., 1988, Nr. 1, S. 7–59.

Savani, Krishna/Markus, Hazel Rose/Conner, Alana L. (2008):

Let your preference be your guide? Preferences and choices are more tightly linked for North Americans than for Indians, in: Journal of Personality and Social Psychology, 95. Jg., 2008, Nr. 4, S. 861–876.

Scheibehenne, Benjamin/Greifeneder, Rainer/Todd, Peter M. (2009):

What moderates the too-much-choice effect?, in: Psychology and Marketing, 26. Jg., 2009, Nr. 3, S. 229–253.

Scheibehenne, Benjamin/Greifeneder, Rainer/Todd, Peter M. (2010):

Can There Ever Be Too Many Options? A Meta-Analytic Review of Choice Overload, in: Journal of Consumer Research, 37. Jg., 2010, Nr. 3, S. 409–425.

Schenk, Michael (2002):

Medienwirkungsforschung, 2. Aufl., Tübingen 2002.

Schram, Arthur/Sonnemans, Joep (2011):

How individuals choose health insurance: An experimental analysis, in: European Economic Review, 55. Jg., 2011, Nr. 6, S. 799–819.

Schumpeter, Joseph A./Schumpeter, Elizabeth Boody (1954):

History of economic analysis, Oxon 1954.

Schwartz, Barry (2000):

Self-determination: The tyranny of freedom, in: American Psychologist, 55. Jg., 2000, Nr. 1, S. 79–88.

Schwartz, Barry (2004):

The paradox of choice, New York 2004.

Schwartz, Barry/Ward, Andrew/Monterosso, John/Lyubomirsky, Sonja/White, Katherine/Lehman, Darrin R. (2002):

Maximizing versus satisficing: Happiness is a matter of choice, in: Journal of Personality and Social Psychology, 83. Jg., 2002, Nr. 5, S. 1178–1197.

Shafir, Eldar/Simonson, Itamar/Tversky, Amos (1993):

Reason-based choice, in: Cognition, 49. Jg., 1993, Nr. 1-2, S. 11–36.

Shah, Avni M./Wolford, George (2007):

Buying Behavior as a Function of Parametric Variation of Number of Choices, in: Psychological Science, 18. Jg., 2007, Nr. 5, S. 369–370.

Shen, Yingtao/Li, Shenyu/DeMoss, Michelle (2012):

The Effect of Quantitative Electronic Word of Mouth on Consumer Perceived Product Quality, in: International Journal of Management and Marketing Research, 5. Jg., 2012, Nr. 2, S. 19–29.

Shugan, Steven M. (1980):

The Cost Of Thinking, in: Journal of Consumer Research, 7. Jg., 1980, Nr. 2, S. 99.

Simon, Herbert A. (1955):

A Behavioral Model of Rational Choice, in: The Quarterly Journal of Economics, 69. Jg., 1955, Nr. 1, S. 99.

Simon, Herbert A. (1956):

Rational Choice and The Structure of The Environment, in: Psychological Review, 63. Jg., 1956, Nr. 2, S. 129–138.

Simon, Herbert A. (1974):

How Big Is a Chunk?: By combining data from several experiments, a basic human memory unit can be identified and measured, in: Science, 183. Jg., 1974, Nr. 4124, S. 482–488.

Simonson, Itamar (1989):

Choice Based on Reasons: The Case of Attraction and Compromise Effects, in: Journal of Consumer Research, 16. Jg., 1989, Nr. 2, S. 158–174.

Simonson, Itamar (1990):

The Effect of Purchase Quantity and Timing on Variety-Seeking Behavior, in: Journal of Marketing Research, 27. Jg., 1990, Nr. 2, S. 150–162.

Simonson, Itamar (1992):

The Influence of Anticipating Regret and Responsibility on Purchase Decisions, in: Journal of Consumer Research, 19. Jg., 1992, Nr. 1, S. 105–118.

Simonson, Itamar/Rosen, Emanuel (2014):

What Marketers Misunderstand About Online Reviews - Managers must analyze what's really driving buying decisions— and adjust their strategies accordingly., in: Harvard Business Review. Jg., 2014, Nr. 1, S. 23–25.

Sloot, Laurens M./Fok, Dennis/Verhoef, Peter C. (2006):

The Short- and Long-Term Impact of an Assortment Reduction on Category Sales, in: Journal of Marketing Research, 43. Jg., 2006, Nr. 4, S. 536–548.

Slovic, Paul (1975):

Choice Between Equally Valued Alternatives, in: Journal of Experimental Psychology, 1. Jg., 1975, Nr. 3, S. 280–287.

statista (2014):

Ausbildungsberufe in Deutschland, Online im Internet: URL: <http://de.statista.com/statistik/daten/studie/156901/umfrage/ausbildungsberufe-in-deutschland/> (Abfrage am: 29.04.2014).

Stephens, Nicole M./Markus, Hazel Rose/Townsend, Sarah S. M. (2007):
Choice as an act of meaning: The case of social class, in: Journal of Personality and Social Psychology, 93. Jg., 2007, Nr. 5, S. 814–830.

Stiftung Warentest (2007):
Umtausch: Was geht und was nicht, Online im Internet: URL: <http://www.test.de/Umtausch-und-Rueckgabe-Spielregeln-fuer-Kaeufer-und-Verkaeufer-1609347-1610304/> (Stand: 24.12.2007, Abfrage am: 29.04.2014).

Stroh, Linda K./Northcraft, Gregory B./Neale, Margaret Ann (2002):
Organizational behavior - A management challenge, 3. Aufl., Mahwah, N.J 2002.

Tanius, Betty E./Wood, Stacey/Hanoch, Yaniv/Rice, Thomas (2009):
Aging and choice: Applications to Medicare Part D, in: Judgment and Decision Making, 4. Jg., 2009, Nr. 1, S. 92–101.

Tetlock, Philip E. (1985):
Accountability: The Neglected Social Context of Judgement and Choice, in: Staw, Barry M./Cummings, Larry L. (Hrsg.): Research in organizational behavior, Greenwich 1985, S. 297–332.

Thaler, Richard H./Sunstein, Cass R. (2003):
Libertarian Paternalism, in: Behavioral Economics, Public Policy, and Paternalism, 93. Jg., 2003, Nr. 2, S. 175–179.

Tochkov, Karin (2009):
The effects of anticipated regret on risk preferences of social and problem gamblers, in: Judgment and Decision Making, 4. Jg., 2009, Nr. 3, S. 227–234.

Trommsdorff, Volker (2004):
Konsumentenverhalten, 6. Aufl., Stuttgart 2004.

Tversky, Amos/Sattah, Shmuel/Slovic, Paul (1988):
Contingent Weighting in Judgement and Choice, in: Psychological Review, 95. Jg., 1988, Nr. 3, S. 371–384.

Tversky, Amos/Shafir, Eldar (1992):

Choice Under Conflict: The Dynamics of Deferred Decision, in: Psychological Science, 3. Jg., 1992, Nr. 6, S. 358–361.

Vohs, Kathleen D./Baumeister, Roy F./Schmeichel, Brandon J./Twenge, Jean M./Nelson, Noelle M./Tice, Dianne M. (2008):

Making choices impairs subsequent self-control: A limited-resource account of decision making, self-regulation, and active initiative, in: Journal of Personality and Social Psychology, 94. Jg., 2008, Nr. 5, S. 883–898.

Wang, Jing/Novemsky, Nathan/Dhar, Ravi/Baumeister, Roy F. (2010):

Trade-Offs and Depletion in Choice, in: Journal of Marketing Research, 47. Jg., 2010, Nr. 5, S. 910–919.

Weiber, Rolf (1996):

Was ist Marketing? - Ein informationsökonomischer Erklärungsansatz, 2. Aufl., Trier 1996.

Wirtschaftslexikon24 (o. J.):

Definition Entscheidung, Online im Internet: URL: <http://www.wirtschaftslexikon24.com/d/entscheidung/entscheidung.htm (Abfrage am: 29.04.2014).

Wood, Stacey L. (2001):

Remote Purchase Environments: The Influence of Return Policy Leniency on Two-Stage Decision Processes, in: Journal of Marketing Research, 38. Jg., 2001, Nr. 2, S. 157–169.

Woodworth, Robert S./Marquis, Donald G. (1965):

Psychology - A Study of Mental Life, 20. Aufl., London 1965.

Zalando (o. J.):

100 Tage Rückgaberecht, Online im Internet: URL: <www.zalando.de/> (Abfrage am: 29.04.2014).

Zeelenberg, Marcel (1999):

Anticipated Regret, Expected Feedback and Behavioral Decision Making, in: Journal of Behavioral Decision Making, 12. Jg., 1999, Nr. 2, S. 93–106.

Zeelenberg, Marcel/Beattie, Jane/van der Pligt, Joop/Vries, Nanne K. de (1996): Consequences of Regret Aversion: Effects of Expected Feedback on Risky Decision Making, in: Organizational Behavior and Human Decision Processes, 65. Jg., 1996, Nr. 2, S. 148–158.

Zeithaml, Valarie A. (1981): How Consumer Evaluation Processes Differ between Goods and Services, in: Donnelly, James H./George, William R. (Hrsg.): Marketing of services, Chicago, Ill 1981, S. 186–190.

Zuckerman, Miron/Porac, Joseph/Lathin, Drew/Smith, Raymond/Deci, Edward L. (1978): On the Importance of Self-Determination for Intrinsically-Motivated Behavior, in: Personality and Social Psychology Bulletin, 4. Jg., 1978, Nr. 3, S. 443–446.